中等职业教育

财经类改革创新示范教材

小企业财务会计职业能力训练

◎ 焦建平 主编　　◎ 张春滨 副主编

人民邮电出版社

北 京

图书在版编目（CIP）数据

小企业财务会计职业能力训练 / 焦建平主编. -- 北京：人民邮电出版社，2014.4
中等职业教育财经类改革创新示范教材
ISBN 978-7-115-34277-5

Ⅰ. ①小… Ⅱ. ①焦… Ⅲ. ①中小企业－财务会计－中等专业学校－教材 Ⅳ. ①F276.3

中国版本图书馆CIP数据核字(2014)第015221号

内 容 提 要

本书是《小企业财务会计实务》的配套实训教材，也可作为"小企业财务会计实务"课程的职业能力训练手册使用。

本书共分为十一个项目，主要内容包括：项目一认知财务会计、明晰核算依据；项目二记录货币资金、维护资金安全；项目三认知结算方式、办理资金收付；项目四记录应收款项、厘清债权资产；项目五记录存货增减余、把握存货收发存；项目六记录投资资产、确认投资收益；项目七记录固定资产增减变化、核算固定资产维修损耗；项目八记录各项负债、明确责任义务；项目九记录投入资本、核算留存收益；项目十确认收入、记录费用、结转利润；项目十一编制会计报表、呈现经营状况。

本书可供中等职业学校会计及相关专业教学使用，也可作为社会培训和会计相关人员的工作参考用书。

◆ 主　　编　焦建平
　　副主编　张春滨
　　责任编辑　刘　琦
　　责任印制　焦志炜

◆ 人民邮电出版社出版发行　　北京市丰台区成寿寺路 11 号
　　邮编　100164　　电子邮件　315@ptpress.com.cn
　　网址　http://www.ptpress.com.cn
　　北京中新伟业印刷有限公司印刷

◆ 开本：787×1092　1/16
　　印张：6.75　　　　　　　　2014 年 4 月第 1 版
　　字数：142 千字　　　　　　2014 年 4 月北京第 1 次印刷

定价：18.00 元

读者服务热线：(010) 81055256　印装质量热线：(010) 81055316
反盗版热线：(010) 81055315
广告经营许可证：京崇工商广字第 0021 号

前　言
PREFACE

　　为配合"小企业财务会计实务"课程的教学，使学生更好地掌握小企业财务会计实务的基本理论、基本方法和基本技能，我们编写了与《小企业财务会计实务》教材配套的这本职业能力训练教材。

　　本书依据《小企业会计准则》的规定和《小企业财务会计实务》教材的内容，按照中职会计类专业人才培养方案的要求，结合专业教师的实际教学经验总结编写而成。本书具有以下两个特点：一是编排方式与教材完全相匹配，按照教材的项目、任务对应编写，可以完全配合课程教学的进度，实现同步训练；二是教材内容的创新，既有知识认知能力的训练，又有职业应用能力训练，层层推进。我们相信，本书在巩固学生理论知识、提高学生职业技能方面将发挥重要的作用。

　　在编写过程中，我们参考了一些职业院校编写的习题集，也在网络上收集了一些相关资料，在此对原作者一并表示衷心感谢。

　　由于编者水平有限，本书难免有不足之处，望广大读者批评指正。

编　者

2013年7月

目 录
CONTENTS

目录
CONTENTS

项目一 认知财务会计、明晰核算依据

任务一 认知财务会计

一、多项选择题（每题有两个或两个以上的答案，请将正确选项的代号填入括号中）

1. 会计职业领域已从传统的记账、算账、报账为主，拓展到（　　）等高端管理领域。

   A. 内部控制　　　　　　　　　　B. 投融资决策

   C. 企业并购　　　　　　　　　　D. 会计信息化

2. 目前争论的会计定义主要观点有（　　）。

   A. 信息系统论　　　　　　　　　B. 管理活动论

   C. 管理工具论　　　　　　　　　D. 会计信息化

3. 信息系统论将整个会计程序分解为（　　）等 4 个环节。

   A. 确认　　　　　B. 计量　　　　　C. 记录　　　　　D. 报告

二、判断题（正确的打"√"，错误的打"×"）

1. 财务会计主要是对外部使用者提供财务信息。（　　）

2. 财务会计提供的信息应该保证绝对精确。（　　）

任务二 认知会计核算的岗位

一、多项选择题（每题有两个或两个以上的答案，请将正确选项的代号填入括号中）

1. 会计岗位的设置可以是（　　）。

   A. 一人一岗　　　　　　　　　　B. 一人多岗

   C. 一岗多人　　　　　　　　　　D. 多人多岗

2. 会计人员的工作岗位一般可分为（　　）等。

   A. 会计机构负责人（会计主管）岗位

   B. 出纳岗位

   C. 收入、支出、债权债务核算岗位

   D. 总账岗位

二、判断题（正确的打"√"，错误的打"×"）

1. 规模小的企业可以不单独设置会计机构，可以将会计业务并入其他职能部门，或者进行代理记账。（　　）

2. 出纳人员可以兼管稽核、会计档案保管及收入、费用、债权债务账目的登记工作。（　　）

任务三　认知会计准则

一、单项选择题（只有一个备选答案是正确的，请将其代号填入括号中）

1. （　　）是界定了从事会计工作和提供会计信息的空间范围。

    A. 会计主体假设　　　　　　　　B. 持续经营假设

    C. 会计分期假设　　　　　　　　D. 货币计量假设

2. 会计核算上应用应收、应付、折旧、摊销等会计处理方法的基本前提是（　　）。

    A. 会计主体　　　　　　　　　　B. 实质重于形式

    C. 会计分期　　　　　　　　　　D. 持续经营

3. 在可预见的未来，企业将会按当前的规模和状态继续经营下去，不会停业，也不会大规模削减业务，这属于（　　）。

    A. 会计主体假设　　　　　　　　B. 持续经营假设

    C. 会计分期假设　　　　　　　　D. 货币计量假设

4. 会计核算上将以融资租赁的方式租入的资产视为自有资产记入"固定资产"账户，体现的是（　　）会计信息质量要求。

    A. 实质重于形式　　　　　　　　B. 谨慎性

    C. 相关性　　　　　　　　　　　D. 及时性

5. 会计人员不得把投资者个人支出计入企业账户，依据的会计核算假设是（　　）。

    A. 会计主体假设　　　　　　　　B. 持续经营假设

    C. 会计分期假设　　　　　　　　D. 货币计量假设

6. 《小企业会计准则》主要规范小企业（　　）的会计处理原则，为小企业处理会计实务问题提供具体而统一的标准。

    A. 通常发生的交易或事项　　　　B. 偶尔发生的交易或事项

    C. 没有发生的交易或事项　　　　D. 已发生的经济活动

7. 企业会计确认、计量和报告应当以（　　）为基础。

    A. 权责发生制　　　B. 收付实现制　　　C. 实地盘存制　　　D. 永续盘存制

二、多项选择题（每题有两个或两个以上的答案，请将正确选项的代号填入括号中）

1. 《小企业会计准则》适用于在中华人民共和国境内依法设立的，符合《中小企业划型标准规定》所规定的小型企业标准的企业，但（　　）除外。

A. 股票或债券在市场上公开交易的小企业

B. 金融机构或其他具有金融性质的小企业

C. 企业集团内的母公司和子公司

D. 注册资本超过 100 万元的公司

2. 会计要素在计量时以历史成本为基础，可供选择的计量属性包括（　　）。

A. 历史成本 　　　　　　　　　　B. 重置成本

C. 可变现净值 　　　　　　　　　D. 公允价值

3. 小企业会计准则体系由（　　）两部分组成。

A.《小企业会计准则》 　　　　　B. 附件

C. 会计核算程序 　　　　　　　　D. 准则解释

4. 中小企业划分为中型、小型和微型三种类型，是根据（　　）来确定的。

A. 企业从业人员 　　　　　　　　B. 营业收入

C. 资产总额 　　　　　　　　　　D. 行业特点

5. 小企业会计准则的附件主要规定（　　），为小企业执行《小企业会计准则》提供操作性规范。

A. 会计科目的设置

B. 主要账务处理要求

C. 财务报表的种类、格式、编制说明

D. 会计计量基础

三、判断题（正确的打"√"，错误的打"×"）

1. 会计核算的依据是会计准则。（　　）

2. 我国财务报告的目标是向财务报告使用者提供决策有用的信息，并反映企业管理层受托责任的履行情况。（　　）

3. 一些新的交易或者事项在《企业会计准则》中尚未规范但又急需处理，处理时应当严格遵循《企业会计准则——基本准则》的要求，尤其是《企业会计准则——基本准则》关于会计要素的定义及其确认与计量等方面的规定。（　　）

项目二
记录货币资金、维护资金安全

任务一 记录与保管库存现金

一、单项选择题（只有一个备选答案是正确的，请将其代号填入括号中）

1. 我国会计上所说的现金是指企业的（　　）。

    A. 库存现金

    B. 库存现金和银行存款

    C. 库存现金、银行存款和有价证券

    D. 库存现金、银行存款和有价证券及其他货币资金

2. 库存现金明细分类核算采用的账簿是（　　）。

    A. 数量金额式明细账　　　　　　　　B. 库存现金日记账

    C. 科目汇总表　　　　　　　　　　　D. 现金收付款凭证

3. 库存现金清查中发现的现金短缺，应及时根据"库存现金盘点报告表"进行账务处理，会计分录借方为（　　）。

    A. 管理费用　　　　　　　　　　　　B. 待处理财产损溢

    C. 营业外支出　　　　　　　　　　　D. 其他业务支出

4. 企业对无法查明原因的现金溢余，经批准后应转入（　　）科目。

    A. 主营业务收入　　　　　　　　　　B. 其他业务收入

    C. 其他应付款　　　　　　　　　　　D. 营业外收入

5. 下列情形中，不违背确保办理货币资金业务的不相容岗位相互分离、制约和监督原则的是（　　）。

    A. 由出纳人员兼任会计档案保管工作

    B. 由出纳人员保管签发支票所需全部印章

    C. 由出纳人员兼任收入总账和明细账的登记工作

    D. 由出纳人员兼任固定资产明细账及总账的登记工作

6. 每日终了，应根据登记完毕的"现金日记账"的结余数与（　　）核对相符。

    A. 支票备查簿　　　　　　　　　　　B. "现金"总账

    C. 现金收付款凭证　　　　　　　　　D. 库存现金数

二、多项选择题（每题有两个或两个以上的答案，请将正确选项的代号填入括号中）

1. 货币资金按存放的地点和用途可分为（　　）。

　　A. 库存现金　　　　　　　　　　B. 银行存款

　　C. 其他货币资金　　　　　　　　D. 银行汇票存款

2. 现金收支的内部控制制度包括（　　）。

　　A. 建立现金交易和事项的日常处理程序

　　B. 指定专人负责现金的收入、支出和保管

　　C. 填制收付款原始凭证的人员与收付款人员的职责分开

　　D. 实行钱账分管制度

三、判断题（正确的打"√"，错误的打"×"）

1. 我国会计上所说的现金仅指企业库存的人民币现金，不包括外币现金。（　　）

2. 不管任何情况下，企业一律不准坐支现金。（　　）

3. 在进行现金核对时，库存现金实有数，包括借条、收据等在内，必须与现金日记账的账面余额相符合。（　　）

4. 出纳人员可以办理各种银行票据的购买、保管、领用、背书、转让、注销等一切事项。（　　）

5. 企业的财务专用章应由专人保管，法人个人名章必须由本人或其授权人员保管。严禁一人保管支付款项所需的全部印章。（　　）

四、综合实训

【实训目的】掌握库存现金业务的处理与库存现金日记账的登记。

【实训资料】徐州纺织机械公司 2013 年 9 月发生如下经济业务。

（1）1 日，职工预借差旅费业务（两张凭证）（见图 2-1、图 2-2）。

中国工商银行

现金支票存根

支票号码：No.10321771

附加信息 _____

_____

出票日期 2013 年 9 月 1 日

收款人：	吴清源
金　额：	￥2 000
用　途：	差旅费

单位主管　　　　会计

图 2-1　现金支票存根

借 款 单

2013 年 9 月 1 日

借款部门	销售科	职别	科员	出差人姓名		吴清源
借款事由	联系业务			出差地点		武汉
预借款金额人民币（大写）：		贰仟元整				￥2 000
部门负责人审批意见：同意		李慧	主管部门负责人审批意见：同意			孙思奇

收款人：吴清源

图 2-2　借款单

（2）6日，职工报销差旅费业务（两张凭证）（见图 2-3、图 2-4）。

差旅费报销单

单位：销售科　　　　　　　　　　　　　　　　　　填报日期　2013 年 9 月 6 日

姓　名		吴清源		出差事由		联系业务				出差地点		武汉		
起讫时间及地点						车船费		夜间乘车补助费		出差补助费			住宿费		其　他
月	日	起	月	日	讫	类别	金额	时间	标准	金额	天数	标准	金额	天数	标准	金额	摘要	金额
9	1		9	5			140				5	60	300	4		1 060		
小　　　　计							140						300			1 060		
总计金额（大写）		壹仟伍佰零拾零元零角零分							预支 2 000 元　核销 1 500 元　退补 退 500 元									

主管：李明　　　　　　　　　审核：陈红　　　　　　　　　填报人：李芸

图 2-3　差旅费报销单

收款收据

日期：2013 年 9 月 6 日　　　　　　　　No.　039016

缴款单位或个人	吴清源	款项内容					差旅费余款					
人民币（大写）	伍佰元整		万	百	十	万	千	百	十	元	角	分	收款方式
							￥	5	0	0	0	0	现金
收款单位盖章	徐州纺织机械公司	收款人盖章	王晓	摘要								

第二联：收款单位记账依据

图 2-4　收款收据

（3）7日，开出现金支票一张，从银行提取现金5 000元。

（4）8日，将现金1 800元送存银行。

（5）26日，企业在现金清查中，发现现金短缺200元。

（6）27日，上述短款原因已查明，是出纳员陈红工作失职造成，陈红当即交回现金200元以作赔偿。

【实训要求】

（1）根据以上经济业务编制会计分录。

（2）登记现金日记账（见图2-5）。

现金日记账

No.

2013年		凭 证		摘 要	对应科目	收入	支出	结余
月	日	类别	号数					
9	29			承前页		213 400	212 900	500

图2-5　现金日记账

任务二　记录与核对银行存款

一、单项选择题（只有一个备选答案是正确的，请将其代号填入括号中）

1. 按照国家《银行账户管理办法》的规定，企业的工资、奖金等现金的支取，只能通过（　　）办理。

　　A. 基本存款账户

　　B. 一般存款账户

　　C. 临时存款账户

　　D. 专用存款账户

2. 对于银行已入账而企业尚未入账的未达账款，企业应当（　　）。

　　A. 根据"银行对账单"入账

　　B. 根据"银行存款余额调节表"入账

　　C. 根据对账单和调节表自制凭证入账

　　D. 待有关结算凭证到达后入账

3. 下列账款中不属于未达账项的有（　　）。

   A. 企业已开出但银行尚未兑付的支票

   B. 企业签发现金支票，持票人尚未到银行提取现金

   C. 银行收到委托款项并通知企业入账

   D. 银行划付电话费但未将其通知单送达企业

4. 在（　　）情况下，企业银行存款日记账余额会大于银行对账单余额。

   A. 企业开出支票，对方未到银行兑现

   B. 银行误将其他公司的存款计入本企业银行存款

   C. 银行代扣水电费，企业尚未接到通知

   D. 银行收到委托收款结算方式下结算款项，企业尚未收到收款通知

二、多项选择题（每题有两个或两个以上的答案，请将正确选项的代号填入括号中）

1. 银行存款日记账可根据（　　）设置。

   A. 开户银行   B. 其他金融机构

   C. 存款种类   D. 货币种类

2. 下列账款中属于未达账项的有（　　）。

   A. 企业已开出但银行尚未兑付的支票

   B. 企业签发现金支票，持票人尚未到银行提取现金

   C. 银行收到委托款项但尚未通知企业

   D. 银行划付电话费但未将其通知单送达企业

3. 在（　　）情况下，企业银行存款日记账余额会小于银行对账单余额。

   A. 企业开出支票，对方未到银行兑现

   B. 银行误将其他公司的存款计入本企业银行存款

   C. 银行代扣水电费，企业尚未接到通知

   D. 银行收到委托收款结算方式下结算款项，企业尚未收到收款通知

三、判断题（正确的打"√"，错误的打"×"）

1. 每个企业只能在银行开立一个基本账户，企业的工资、奖金等现金的支取只能通过该账户办理。（　　）

2. 银行存款余额调节表是调整企业银行存款账面余额的原始凭证。（　　）

3. 未达账款是指企业与银行之间由于凭证传递上的时间差，一方已登记入账而另一方尚未入账的款项。（　　）

4. 银行存款余额调节表一般由出纳自己编制。（　　）

四、综合实训

【实训目的】掌握库存现金业务的处理与库存现金日记账的登记。

【实训资料】徐州纺织机械公司 2013 年 9 月 30 日银行存款日记账的余额为 5 400 000 元，银行转来对账单的余额为 8 300 000 元。经逐笔核对，发现以下未达款项。

（1）企业送存转账支票 6 000 000 元，并已登记银行存款增加，但银行尚未记账。

（2）企业开出转账支票 4 500 000 元，但持票单位尚未到银行办理转账，银行尚未记账。

（3）企业委托银行代收某公司购货款 4 800 000 元，银行已收妥并登记入账，但企业没收到收款通知，尚未记账。

（4）银行代企业支付电话费 400 000 元，银行已登记企业银行存款减少，但企业未收到银行付款通知，尚未记账。

【实训要求】根据资料，编制"银行存款余额调节表"（见表 2-1）。

表 2-1 银行存款余额调节表

项 目	余 额	项 目	金 额
企业银行存款日记账余额		银行对账单余额	
加：银行已收、企业未收款		加：企业已收、银行未收款	
减：银行已付、企业未付款		减：企业已付、银行未付款	
调节后的存款余额		调节后的存款余额	

任务三 记录其他货币资金

一、单项选择题（只有一个备选答案是正确的，请将其代号填入括号中）

1. 企业存放在银行的银行汇票存款，应通过（ ）账户核算。
   A. 银行存款　　　　　　　B. 其他货币资金
   C. 在途货币资金　　　　　D. 库存现金

2. 不属于其他货币资金核算范围的是（ ）。
   A. 银行汇票存款　　　　　B. 信用证保证金存款
   C. 商业汇票　　　　　　　D. 银行本票存款

3. 企业对已存入证券公司但尚未进行证券投资的现金进行会计处理时，应借记的会计科目是（ ）。
   A. 银行存款　　　　　　　B. 交易性金融资产
   C. 其他应收款　　　　　　D. 其他货币资金

二、多项选择题（每题有两个或两个以上的答案，请将正确选项的代号填入括号中）

1. 其他货币资金包括（ ）。
   A. 银行汇票存款　　　　　B. 银行本票存款
   C. 外埠存款　　　　　　　D. 存入投资款

2. 应用"其他货币资金"科目核算的票据有（　　　）。

    A. 支票　　　　　　　　　　　　B. 银行汇票

    C. 商业汇票　　　　　　　　　　D. 银行本票

三、判断题（正确的打"√"，错误的打"×"）

1. 其他货币资金是指除现金、银行存款以外的处于货币形态的资金，包括银行汇票和备用金等。（　　　）

2. 企业存放在信用卡的资金也是通过"其他货币资金"核算的。（　　　）

项目三 认知结算方式、办理资金收付

任务一 办理支票结算

一、单项选择题（只有一个备选答案是正确的，请将其代号填入括号中）

1. 适用于同城结算的方式有（　　）。

　　A. 支票　　　　　　　　　　　B. 银行汇票

　　C. 商业汇票　　　　　　　　　D. 银行本票

2. 可以提取现金的支票是（　　）。

　　A. 现金支票　　　　　　　　　B. 转账支票

　　C. 20 天前签发的现金支票　　　D. 划线支票

二、多项选择题（每题有两个或两个以上的答案，请将正确选项的代号填入括号中）

1. 银行票据结算方式是指通过《票据法》规定的（　　）等工具来结清资金的结算方式。

　　A. 支票　　　　　　　　　　　B. 银行汇票

　　C. 商业汇票　　　　　　　　　D. 银行本票

2. 银行其他结算方式是指银行票据结算方式之外的结算方式，一般包括（　　）。

　　A. 汇兑　　　　　　　　　　　B. 委托收款

　　C. 异地托收承付　　　　　　　D. 银行本票

3. （　　）等结算方式既可用于同城结算，又可用于异地结算。

　　A. 银行汇票　　　　　　　　　B. 商业汇票

　　C. 委托收款　　　　　　　　　D. 信用证

4. 支票共有（　　）4 种。

　　A. 现金支票　　　　　　　　　B. 转账支票

　　C. 普通支票　　　　　　　　　D. 划线支票。

5. 签发支票时，（　　）发生错误，不得更改，更改则无效，发生错误时只能作废重开。

　　A. 收款人名称　　　　　　　　B. 出票日期

　　C. 金额　　　　　　　　　　　D. 备注

三、判断题（正确的打"√"，错误的打"×"）

1. 支票的出票日期应为大写，月份为1、2和10的前加"零"，分别写为零壹月、零贰月、零壹拾月。（　　）

2. 支票的出票日期应为大写，日为1～9、10、20、30前加"零"，如1日为零壹日，20日为零贰拾日、30日为零叁拾日，日为11～19的前加"壹"。（　　）

3. 转账支票是可以背书转让的。（　　）

四、综合实训

【实训目的】练习支票业务的操作。

【实训资料】

企业名称：徐州纺织机械公司	地址：徐州市建国路180号
注册资金：人民币5 000万元	企业类型：有限责任公司（增值税一般纳税人）
增值税率17%，所得税率25%	经营范围：纺织产品研发、生产和销售
纳税人登记号：320103001119928	开户银行：中国银行徐州开发区支行
基本账户账号：740108320311	法人代表：王军

（1）2013年12月1日，徐州纺织机械公司从江苏新华股份有限公司购买产品，开出转账支票支付货款，金额为268 731.20元，如图3-1、图3-2所示。

（2）12月3日，签发转账支票付款业务（3张凭证，见图3-3、图3-4、图3-5）。

（3）12月8日，收到江苏彭城公司（开户银行：中国银行徐州复兴路支行，账号：200756876-12）开具的转账支票一张，金额为196 560元，系上月销售商品货款，于当日填制"进账单"交存银行，如图3-6所示。

图3-1　转账支票（正面）

复核　　　记账

单位主管　　　会计

图 3-2　转账支票（背面）

中国工商银行
转账支票存根

支票号码：No.08867704

附加信息

出票日期 2013 年 12 月 3 日

收款人：江苏省展示中心
金　额：￥16 000.00
用　途：展览费

单位主管　　　会计

图 3-3　转账支票存根

江苏省增值税专用发票

3100931000

No 00286809

开票日期：2013 年 12 月 3 日

购货单位	名　　　　称：徐州纺织机械公司					密码区	21<+6+14//295/81-283/ *<81*+0735825/>06059> 907<953266*26<6+61-+ 31++7-6<54391*3-+>>09	加密版本：01 3100931000 00286809	
	纳税人识别号：320705689740506								
	地　址、电话：徐州市南阳路 291 号 63585799								
	开户行及账号：工行和平分行 680394342-78								
货物或应税劳务名称	规格型号	单位	数量	单价	金额		税率	税额	
展览费		次	1	15094.34	15094.34		6%	905.66	
合计					¥15094.34			¥905.66	
价税合计（大写）　　壹万陆仟元整　　　　　（小写）¥16000									
销货单位	名　　　　称：江苏省展示中心						备注	税号： 320705793256876	
	纳税人识别号：410513712367895								
	地　址、电话：淮河路 67 号 63292439*								
	开户行及账号：工行淮河分行 380419673-69								

收款人：×××　　　　复核：×××　　　　　　　　开票人：陈奇　　　　销货单位：（章）

第一联：发票联　购货方记账凭证

图 3-4　增值税专用发票（发票联）

江苏省增值税专用发票

3100931000

No 00286809

开票日期：2013 年 12 月 3 日

购货单位	名　　　　称：徐州纺织机械公司					密码区	21<+6+14//295/81-283/ *<81*+0735825/>06059> 907<953266*26<6+61-+ 31++7-6<54391*3-+>>09	加密版本：01 3100931000 00286809	
	纳税人识别号：320705689740506								
	地　址、电话：徐州市南阳路 291 号 63585799								
	开户行及账号：工行和平分行 680394342-78								
货物或应税劳务名称	规格型号	单位	数量	单价	金额		税率	税额	
展览费		次	. 1	15094.34	15094.34		6%	905.66	
合计					¥15094.34			¥905.66	
价税合计（大写）　　壹万陆仟元整　　　　　（小写）¥16000									
销货单位	名　　　　称：江苏省展示中心						备注	税号： 320705793256876	
	纳税人识别号：410513712367895								
	地　址、电话：淮河路 67 号 63292439								
	开户行及账号：工行淮河分行 380419673-69								

收款人：×××　　　　复核：×××　　　　　　　　开票人：陈奇　　　　销货单位：（章）

第二联：抵扣联　购货方记账凭证

图 3-5　增值税专用发票（抵扣联）

中国银行　进账单（收账通知或回单）		No 30007722	

图 3-6　进账单

【实训要求】根据以上资料进行会计处理（包括填制转账支票、进账单以及对应的账务处理）。

任务二　办理银行汇票结算

一、单项选择题（只有一个备选答案是正确的，请将其代号填入括号中）

1. 银行汇票是（　　）签发的，由其在见票时按照实际结算金额无条件支付给收款人或者持票人的票据。

　　A. 出票银行　　　　　　　　B. 付款人

　　C. 收款人　　　　　　　　　D. 承兑人

2. 核算银行汇票存款的科目是（　　）。

　　A. 应收票据　　　　　　　　B. 应付票据

　　C. 银行存款　　　　　　　　D. 其他货币资金

二、判断题（正确的打"√"，错误的打"×"）

1. 不论同城、异地，单位或个人的各种款项的结算均可采用银行汇票结算。（　　）

2. 银行汇票付款期为 1 个月，不分大月、小月一律按次月对日计算，到期日遇节假日顺延。（　　）

3. 银行汇票可以用于转账，填明"现金"字样的银行汇票也可以用于支取现金。（　　）

三、综合实训

【实训目的】练习银行汇票业务的操作。

【实训资料】

（1）2013 年 12 月 16 日徐州纺织机械公司向开户银行提出申请办理银行汇票 1 张（见图

3-7），金额为 45 000 元，收款人为天津通达食品公司（开户银行：建行天津南开分理处，行号：3465，账号：45687—1）。

中国银行　银行汇票申请书（存根）　　1　第　　号

申请日期　　年　　月　　日															
申请人		收款人													
账号或住址		账号或住址													
用　途		代理付款行													
汇款金额	人民币（大写）		万	千	百	十	万	千	百	十	元	角	分		
以上款项请从我账户内支付 申请人盖章			科目_____ 对方科目_____ 财务主管　　复核　　经办												

此联申请人留存

图 3-7　银行汇票申请书

（2）22 日，向天津通达食品公司采购结束，增值税专用发票上列明的材料价款为 30 000 元，增值税 5 100 元，货款共 35 100 元，用银行汇票支付。

（3）25 日，接到银行多余款收款通知，银行汇票多余款已经转入本公司账户。

（4）销售产品，售价 80 000 元，增值税 13 600 元，收到购买方开来的银行汇票一张，银行汇票金额 100 000 元，实际结算金额 93 600 元。填写进账单后已办妥进账手续。

【实训要求】填写银行汇票申请书并根据以上资料进行会计处理。

任务三　办理银行本票结算

一、单项选择题（只有一个备选答案是正确的，请将其代号填入括号中）

1. 按照我国会计准则规定，下列票据中应作为应收票据核算的是（　　）。
   A. 支票　　　　　　　　　　B. 银行本票
   C. 商业汇票　　　　　　　　D. 银行汇票

2. 核算银行本票存款的科目是（　　）。
   A. 应收票据　　　　　　　　B. 应付票据
   C. 银行存款　　　　　　　　D. 其他货币资金

二、多项选择题（每题有两个或两个以上的答案，请将正确选项的代号填入括号中）

1. 允许背书转让的票据有（　　）。
   A. 转账支票　　　　　　　　B. 银行本票
   C. 商业汇票　　　　　　　　D. 银行汇票

2. 需要记名的票据有（　　）。

A. 支票   B. 银行本票

C. 商业汇票   D. 银行汇票

三、判断题（正确的打"√"，错误的打"×"）

1. 签发银行本票的出票人必须是经过人民银行当地分支行批准办理银行本票业务的银行机构。（   ）

2. 单位和个人在同一票据交换区域需要支付各种款项，均可以使用银行本票办理。（   ）

四、综合实训

【实训目的】练习银行本票业务的操作。

【实训资料】

（1）2013 年 12 月 19 日徐州纺织机械公司销售产品，售价 30 000 元，增值税率 17%，收到对方单位转来的银行本票一张，已办妥入账手续。

（2）23 日向银行申请并取得银行本票一张，面值 150 000 元。

（3）25 日用上述银行本票对江苏环宇公司进行股权投资。

【实训要求】根据以上资料进行会计处理。

任务四　办理商业汇票结算

一、单项选择题（只有一个备选答案是正确的，请将其代号填入括号中）

1. 企业支付的银行承兑汇票手续费应计入（   ）。

A. 管理费用   B. 财务费用

C. 营业外支出   D. 其他业务支出

2. 对逾期未获支付的应收的商业承兑汇票，企业应做的账务处理是（   ）。

A. 借：应收账款   B. 借：坏账准备

      贷：应收票据   贷：应收票据

C. 借：其他应收款   D. 都不对

      贷：应收票据

3. 不属于其他货币资金核算范围的是（   ）。

A. 银行汇票存款   B. 信用证保证金存款

C. 商业汇票   D. 银行本票存款

4. 按照我国《企业会计准则》的规定，下列票据中应作为应收票据核算的是（   ）。

A. 支票   B. 银行本票

C. 商业汇票   D. 银行汇票

二、多项选择题（每题有两个或两个以上的答案，请将正确选项的代号填入括号中）

1. 下列结算方式中，同时适用于同城和异地结算的方式有（   ）。

A. 银行汇票结算方式 B. 银行本票结算方式

C. 商业汇票结算方式 D. 委托收款结算方式

2. 商业汇票的签发人可以是（   ）。

A. 购货单位 B. 销货单位

C. 购货单位开户银行 D. 销货单位开户银行

3. 商业汇票按其承兑人的不同，可以分为（   ）两种。

A. 商业承兑汇票 B. 银行承兑汇票

C. 带息票据 D. 不带息票据

三、判断题（正确的打"√"，错误的打"×"）

1. 商业承兑汇票的承兑人是购货企业的开户银行。（   ）

2. 商业承兑汇票到期日付款人账户不足支付时，其开户银行应代为付款。（   ）

3. 商业汇票在同城、异地均可使用。（   ）

4. 商业汇票可以背书转让。如果是分期付款，应一次签发若干张不同期限的商业汇票。

（   ）

四、综合实训

【实训目的】练习商业汇票业务的操作。

【实训资料】

（1）2013 年 12 月 13 日徐州纺织机械公司销售产品，价税合计 2 223 000 元。收到购货方华中棉纺厂签发的商业承兑汇票，如图 3-8 所示。

<table>
<tr><td colspan="7" align="center">**商业承兑汇票**</td><td colspan="2">2</td></tr>
<tr><td colspan="5" align="center">出票日期（大写） 贰零壹叁年壹拾贰月壹拾叁日</td><td colspan="4">汇票号码：0269888</td></tr>
<tr><td rowspan="3">付款人</td><td>全　　称</td><td colspan="3">华中棉纺厂</td><td rowspan="3">收款人</td><td>全　　称</td><td colspan="3">徐州纺织机械公司</td></tr>
<tr><td>账　　号</td><td colspan="3">86282235-59</td><td>账　　号</td><td colspan="3">680394184-89</td></tr>
<tr><td>开户银行</td><td colspan="2">工行武汉友谊分行</td><td>行号 34256</td><td>开户银行</td><td colspan="2">工行连云港和平分行</td><td>行号 67222</td></tr>
<tr><td>出票金额</td><td>人民币
（大写）</td><td colspan="3">贰佰贰拾贰万叁仟元整</td><td colspan="5">千百十万千百十元角分
￥2 2 2 3 0 0 0 0 0</td></tr>
<tr><td colspan="3">汇票到期日（大写）</td><td colspan="2">2014 年 1 月 13 日</td><td colspan="2">交易合同号码</td><td colspan="2"></td></tr>
<tr><td colspan="5">本汇票已经承兑，到期无条件支付票款。</td><td colspan="4">本汇票请予以承兑于到期日付款。</td></tr>
<tr><td colspan="5">承兑人签章

承兑日期：2013 年 12 月 13 日</td><td colspan="4">汇票专用章
出票人签章</td></tr>
</table>

图 3-8　商业承兑汇票

（2）设上述商业承兑汇票到期，华中棉纺厂没有支付货款。

（3）2013 年 12 月 16 日，向银行申请办理银行承兑汇票，金额 500 000 元，期限 2 个月。

向银行支付承兑手续费 1 000 元；并交存保证金 300 000 元。银行承兑汇票已办妥。

（4）2013 年 12 月 18 日，用上述银行承兑汇票购买设备，专用发票注明：价格 600 000 元，税 102 000 元。设备已投入使用，余款暂欠。

【实训要求】根据以上资料进行会计处理。

任务五　办理汇兑结算

一、判断题（正确的打"√"，错误的打"×"）

1. 单位和个人的各种款项的结算，均可使用汇兑结算方式。（　　　）

2. 汇兑结算方式一般只在异地结算中使用。（　　　）

二、综合实训

【实训目的】练习汇兑业务的操作。

【实训资料】

（1）2013 年 12 月 19 日徐州纺织机械公司从北京长虹发展公司（开户银行：工商银行北京市海淀支行，账号：145444567543）购进电子材料一批，价款 72 000 元，开具电汇凭证支付货款，如图 3-9 所示。

中国银行　电汇凭证（回单）

□普通	□加急	委托日期　　年　　月　　日										

汇款人	全称		收款人	全称										
	账号			账号										
	汇出地点			汇入地点										

汇出行名称		汇入行名称	

金额	人民币（大写）		亿	千	百	十	万	千	百	十	元	角	分
		支付密码											
		附加信息及用途：											
	汇出行签章						复核　　记账						

图 3-9　电汇凭证

（2）20 日，将 180 000 元款项存入广州临时账户。

（3）25 日，收到在广州的采购员发来的原材料发票、运费单据，列明买价 150 000 元，增值税率 17%，运费 1 000 元，已用临时账户的款项支付，材料未到。

（4）27 日，收到广州临时账户退回的存款余额 3 500 元。

【实训要求】填写电汇凭证并根据以上资料进行会计处理。

任务六 办理委托收款结算

一、判断题（正确的打"√"，错误的打"×"）

1. 委托收款适用于在银行或其他金融机构开立账户的单位和个体经济户的商品交易、劳务款项以及其他应收款项的结算。（　　　）

2. 委托收款除适用范围广泛的特点外，也没有规定金额的起点，不受是否签订经济合同或是否发货的限制。只要收款人委托收款，付款人没有异议，银行即可办理划款。（　　　）

二、综合实训

【实训目的】 练习委托收款业务的操作。

【实训资料】

（1）2013年12月19日徐州纺织机械公司向大连世博公司（开户银行：工商银行大连中山支行，账号：2101128015）销售甲产品一批，价税款58 500元，商品已发出。根据合同规定采用托收承付结算方式（合同号：购货字6532100）。托收凭证如图3-10所示。

托收凭证（受理回单）

委托日期　　年　月　日

业务类型		委托收款（□邮划、□电划）		托收承付（☑邮划、□电划）						
付款人	全称		收款人	全称						
	账号			账号						
	地址	省　市　县	开户行		地址	省　市　县	开户行			
金额	人民币（大写）				亿 千 百 十 万 千 百 十 元 角 分					
款项	内容		托收凭据 名称		附寄单 单证张数					
商品发运情况				合同名称号码						
备注：										
				收款人开户银行签章						
复核　记账		年　月　日		年　月　日						

此联为收款人开户银行给收款人的受理回单

图3-10 托收凭证

（2）30日收到银行收款通知，企业托收的销货款58 500元，已经收到入账。

【实训要求】 填写托收凭证并根据以上资料进行会计处理。

任务七　其他结算方式的办理

一、判断题（正确的打"√"，错误的打"×"）

1. 各种企业因商品交易产生的货款，以及因商品交易而产生的劳务供应的款项，在与开户银行签订网银协议后，可以通过网上银行支付。（　　　）

2. 企业（法人）可以办理银行信用卡。（　　　）

二、综合实训

【实训目的】练习其他结算方式业务的操作。

【实训资料】

（1）2013年12月26日徐州纺织机械公司将基本存款户的款项30 000元存入信用卡中。

（2）29日企业业务员持信用卡购入办公用品1 000元，验收入库。

【实训要求】根据以上资料进行会计处理。

项目四 记录应收款项、厘清债权资产

任务一 记录与管理应收票据

一、单项选择题（只有一个备选答案是正确的，请将其代号填入括号中）

1. 在我国，小企业收到的商业汇票应以（ ）计价。
   A. 到期值的现值　　　　　　　　B. 票据贴现值
   C. 票据面值　　　　　　　　　　D. 票据到期值

2. A 企业将销售商品收到的银行承兑汇票背书转让给 B 企业，用于支付购买原材料的价款，应贷记的科目是（ ）。
   A. 应收账款　　　　　　　　　　B. 应收票据
   C. 应付票据　　　　　　　　　　D. 银行存款

3. 企业的应收票据到期时，承兑人无力偿还票款，应将其转入（ ）科目。
   A. 应收账款　　　　　　　　　　B. 应付账款
   C. 其他应收款　　　　　　　　　D. 预收账款

4. 带息票据贴现后，贴现企业实际收到的贴现净值（ ）。
   A. 可能小于票据的票面面值　　　B. 一定大于票据的到期价值
   C. 一定小于票据的票面面值　　　D. 一定大于票据的票面面值

5. 一张 6 月 26 日签发的 30 天的商业汇票，到期日为（ ）。
   A. 7 月 24 日　　　　　　　　　B. 7 月 25 日
   C. 7 月 26 日　　　　　　　　　D. 7 月 27 日

二、多项选择题（每题有两个或两个以上的答案，请将正确选项的代号填入括号中）

1. 按照商业汇票的承兑人不同，商业汇票包括（ ）。
   A. 银行本票　　　　　　　　　　B. 银行汇票
   C. 银行承兑汇票　　　　　　　　D. 商业承兑汇票

2. 企业将不带息票据贴现时，影响贴现利息计算的因素有（ ）。
   A. 票据的面值　　　　　　　　　B. 票据贴现期
   C. 企业持票天数　　　　　　　　D. 贴现利率

3. 在我国会计实务中，作为应收票据核算的票据有（　　）。

    A. 银行本票

    B. 银行汇票

    C. 银行承兑汇票

    D. 商业承兑汇票

三、判断题（正确的打"√"，错误的打"×"）

1. 企业取得应收票据时，无论是否带息，均应按其到期值入账。（　　）

2. 我国的应收票据只核算商业承兑汇票，而不包括其他任何票据。（　　）

3. 小企业持商业汇票向银行等金融机构贴现，应将办理贴现的手续费计入"财务费用"科目。（　　）

四、综合实训

1.【实训目的】练习应收票据业务的操作。

【实训资料】江苏环宇公司 2013 年发生如下应收票据的经济业务。

（1）5 月 31 日销售一批商品给甲企业，销售价款为 4 000 000 元，增值税额为 680 000 元，商品已经发出。甲企业交来一张票面金额为 4 680 000 元，两个月期限，到期日为 7 月 31 日，票面利率为 5% 的银行承兑汇票。

（2）由于资金紧缺，江苏环宇公司于 7 月 7 日持该票据到银行贴现，贴现率为 6%，贴现期为 24 天。

【实训要求】根据以上资料进行会计处理。

2.【实训目的】练习应收票据业务的操作。

【实训资料】江苏环宇公司发生如下经济业务。

（1）2013 年 6 月 1 日销售商品给丁公司，价款为 100 000 元，增值税率为 17%，收到一张商业承兑汇票，期限为 4 个月，票面利率为 8%，2013 年 9 月 30 日 B 公司无力支付票款。

（2）应收丙单位一张 3 个月的银行承兑汇票已到期，该票据票面价值为 150 000 元，票面利率为 8%，款项已存银行。

【实训要求】根据以上资料进行会计处理。

任务二　记录与管理应收账款

一、单项选择题（只有一个备选答案是正确的，请将其代号填入括号中）

1. 总价法是将（　　）作为实际售价，记作应收账款的入账价值。

    A. 未扣减商业折扣前的金额

    B. 未扣减现金折扣前的金额

    C. 扣减现金折扣后的金额

    D. 扣减商业折扣和现金折扣后的金额

2. 应收账款应按（　　）记账。

    A. 实际发生的金额

    B. 估计金额

  C. 计划金额   D. 双方协商的金额

3. 如果企业预收款项情况不多的，可以将预收款项直接记入（ ）科目。

  A. 应付账款   B. 应收账款

  C. 应付票据   D. 应收票据

4. 应收账款的入账价值不包括（ ）。

  A. 代购货方垫付的运杂费   B. 销售货物的货款

  C. 销售货物应收的增值税   D. 应收客户违约的罚款

5. 某企业赊销一批商品，商品标价 20 000 元，商业折扣 20%，增值税税率为 17%，现金折扣条件为 2/10，N/20。企业销售商品时代垫运费 200 元，若企业应收账款按总价法核算，则应收账款的入账价值为（ ）元。

  A. 18 720   B. 16 200

  C. 23 600   D. 18 920

6. 应收账款是由（ ）产生的。

  A. 租赁业务   B. 赊销业务

  C. 现销业务   D. 其他销售业务

7. 销货方按商品售价给予客户的现金折扣，会计上应作为（ ）处理。

  A. 冲减销售收入   B. 应收账款

  C. 销售费用   D. 财务费用

二、多项选择题（每题有两个或两个以上的答案，请将正确选项的代号填入括号中）

1. 下列各项，构成应收账款入账价值的有（ ）。

  A. 增值税销项税额

  B. 商业折扣

  C. 代购货方垫付的运杂费

  D. 销售货款

2. 下列关于现金折扣与商业折扣的说法，正确的是（ ）。

  A. 商业折扣是指在商品标价上给予的扣除

  B. 现金折扣是指债权人为鼓励债务人早日付款，而向债务人提供的债务扣除

  C. 存在商业折扣的情况下，小企业应收账款入账金额应按扣除商业折扣后的实际售价确认

  D. 我国会计实务中采用净价法核算存在现金折扣的交易

三、判断题（正确的打"√"，错误的打"×"）

1. 销货企业为了鼓励客户提前付款，发生的现金折扣应冲减财务费用。（ ）

2. 对商业折扣和现金折扣，都可以采用总价法或净价法进行核算。（ ）

3. 现金折扣和销售折扣，均应在实际发生时计入当期财务费用。（ ）

4. 小企业销售一笔金额为 20 万元的货物（含税），规定的现金折扣条件为"2/10，1/20，N/30"，购货方于第 11 天付款，该企业实际收到款项为 19.6 万元。（ ）

四、综合实训

1.【实训目的】练习应收账款业务的操作。

【实训资料】江苏环宇公司 2013 年 7 月 10 日销售 1 000 件产品给乙企业，价目表上单价为 100 元。有关折扣条件为：商业折扣 1%；现金折扣 "2/10，1/20，N/30"，假定计算现金折扣的基数为不含增值税额的实际成交价。江苏环宇公司增值税率为 17%。

【实训要求】根据以上经济业务采用总价法编制：①销售款；②10 内收到款项；③ 11～20 天内收到款项；④20 天后收到款项时的会计分录。

2.【实训目的】练习应收账款业务的操作。

【实训资料】

（1）江苏环宇公司 6 月 12 日向丙公司销售一批产品，货款为 40 000 元，增值税税额 6 800 元，所有款项尚未收到，已办妥托收手续。

（2）6 月 23 日，江苏环宇公司收到丙公司寄来的一张 3 个月期限的商业承兑汇票，面值 46 800 元，用于抵付前欠货款。

【实训要求】根据以上会计资料进行账务处理。

3.【实训目的】练习应收账款业务的操作。

【实训资料】江苏环宇公司对赊销商品给予现金折扣优惠，其折扣条件为 "2/10、1/20、N/30"，计算现金折扣的基数为应收账款的金额。2013 年 7 月发生下列有关的经济业务。

（1）2 日，赊销给 A 公司商品一批，货款 24 000 元，增值税额 4 080 元。

（2）8 日，赊销给 B 公司商品一批，货款 15 000 元，增值税额 2 550 元。

（3）18 日，销售给 C 公司商品一批，货款 12 000 元，增值税额 2 040 元，以转账支票垫付运杂费 150 元，今一并向银行办妥托收手续。

（4）24 日，B 公司付来本月 8 日赊购商品货款及增值税额的转账支票一张，已存入银行。

（5）29 日，A 公司付来本月 2 日赊购商品货款及增值税额的转账支票一张，已存入银行。

（6）31 日，C 公司因商品外观质量不符要求而拒付货款，经联系协商后，决定给予对方 5% 的折让，今收到对方汇来扣除折让后的全部款项。

【实训要求】根据以上会计资料进行账务处理。

任务三　记录与管理预付账款

一、单项选择题（只有一个备选答案是正确的，请将其代号填入括号中）

预付账款不多的小企业，可以不设 "预付账款" 科目，而将预付账款记入（　　）。

A. "应收账款" 科目的借方　　　　B. "应收账款" 科目的贷方

C. "应付账款" 科目的借方　　　　D. "应付账款" 科目的贷方

二、多项选择题（每题有两个或两个以上的答案，请将正确选项的代号填入括号中）

小企业的预付账款可以通过（　　　）科目进行核算。

A. 预付账款　　　　B. 应收账款　　　　C. 其他应收款　　　　D. 其他应付款

三、综合实训

【实训目的】练习预付账款业务的操作。

【实训资料】

（1）2013 年 7 月 22 日，江苏环宇公司开出转账支票 10 000 元，预付给武汉华中有限公司，作为采购材料的定金，如图 4-1、图 4-2 所示。

中国建设银行
转账支票存根

支票号码：No. 32003561

附加信息
_____

_____

出票日期 2013 年 7 月 22 日

收款人：武汉华中有限公司	
金　额：￥10 000.00	
用　途：预付材料款	

单位主管　　　　会计

图 4-1　转账支票存根

收款收据　　　　　　No 29874610

交款单位　江苏环宇有限公司　　　收款方式　转账_____

人民币(大写)　壹万元整　　　　　￥10 000.00

收款事由　预收购料款_____

2013 年 7 月 22 日

单位盖章
财会主管　刘涛　　　记账　王静　　　出纳　孙军　　　审核　李刚　　　经办　肖华

图 4-2　收款收据

（2）2013 年 7 月 28 日，江苏环宇公司收到武汉华中有限公司发来的甲材料，取得的增值税专用发票上注明的价款为 35 000 元，增值税税额为 5 950 元。材料已经验收入库。

（3）2013 年 8 月 2 日，江苏环宇公司开出转账支票 30 950 元给武汉华中有限公司，以支付前欠购料款。

【实训要求】根据以上资料进行会计处理。

任务四 记录与管理其他应收款

一、单项选择题（只有一个备选答案是正确的，请将其代号填入括号中）

1. 下列各项，不通过"其他应收款"科目核算的是（　　）。
　　A. 为购货方代垫的运费　　　　　　B. 应收保险公司的各项赔款
　　C. 为职工代垫的房租　　　　　　　D. 存出保证金

2. 企业代扣职工房租和代垫职工家属医药费，应通过（　　）科目核算。
　　A. 应收账款　　　　　　　　　　　B. 其他应收款
　　C. 其他应付款　　　　　　　　　　D. 应付账款

3. 小企业签发转账支票，支付临时租入固定资产的押金 2 000 元，会计分录应为（　　）。
　　A. 借：管理费用　　　　2 000　　　B. 借：其他应收款　　　　2 000
　　　　　贷：银行存款　　2 000　　　　　　贷：银行存款　　　　2 000
　　C. 借：预付账款　　　　2 000　　　D. 借：应收账款　　　　　2 000
　　　　　贷：银行存款　　2 000　　　　　　贷：银行存款　　　　2 000

二、多项选择题（每题有两个或两个以上的答案，请将正确选项的代号填入括号中）

1. 下列项目中，属于其他应收款范围的是（　　）。
　　A. 应向接受劳务单位收取的款项
　　B. 应收外单位的赔偿款
　　C. 应收存出保证金
　　D. 应向职工收取的各种垫付款项

2. 下列项目中应通过"其他应收款"核算的有（　　）。
　　A. 租入包装物支付的押金　　　　　B. 应收的各种赔款
　　C. 应收的出租包装物租金　　　　　D. 收取的各种押金

三、判断题（正确的打"√"，错误的打"×"）

1. 小企业应向职工收取的暂付款项可在"其他应收款"科目进行核算。（　　）

2. 小企业支付的包装物押金和收取的包装物押金均应通过"其他应收款"科目进行核算。（　　）

3. 小企应收取的包装物租金应通过"其他应收款"科目进行核算。（　　）

四、综合实训

【实训目的】练习其他应收款业务的操作。

【实训资料】

（1）2013 年 8 月 3 日，江苏环宇公司的车间主任李华因公出差，预借差旅费 2 000 元。

（2）2013 年 8 月 15 日，李华报销差旅费 1 850 元，退回多余现金 150 元。

（3）2013 年 8 月 18 日，租入低值易耗品一批，开出现金支票支付押金 1 500 元。

【实训要求】 根据以上资料进行会计处理。

任务五　确认与记录坏账损失

一、单项选择题（只有一个备选答案是正确的，请将其代号填入括号中）

小企业发生坏账损失时，应借记（　　）科目。

A. 应收账款　　　　B. 坏账准备　　　C. 资产减值损失　　　D. 营业外支出

二、多项选择题（每题有两个或两个以上的答案，请将正确选项的代号填入括号中）

下列事项中，可以确认为坏账的有（　　）。

A. 债务人死亡，以其遗产清偿后仍然无法收回的应收款项

B. 债务人破产，以其破产财产清偿后仍然无法收回的应收款项

C. 应收款项已逾期 3 年以上，并有足够的证据表明无法收回

D. 已逾期但无确凿证据证明不能收回的应收款项

三、判断题（正确的打"√"，错误的打"×"）

小企业应收及预付款项的坏账损失应当于实际发生时计入营业外支出，同时冲减应收及预付款项。（　　）

四、综合实训

【实训目的】 练习坏账损失业务的操作。

【实训资料】 如图 4-3 所示。

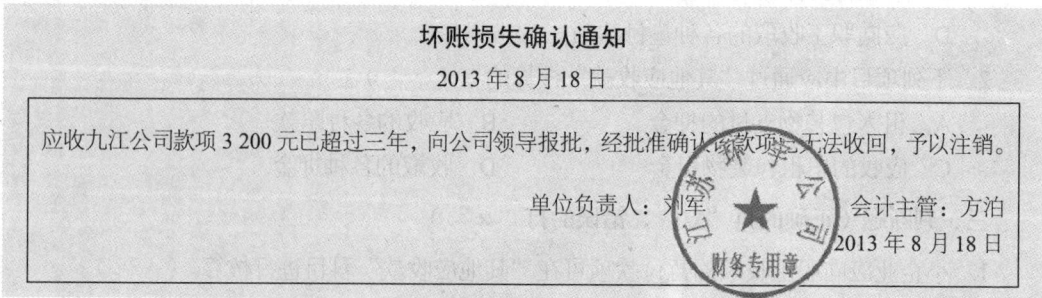

坏账损失确认通知

2013 年 8 月 18 日

应收九江公司款项 3 200 元已超过三年，向公司领导报批，经批准确认该款项已无法收回，予以注销。

单位负责人：刘军　　　　　　会计主管：方泊

2013 年 8 月 18 日

图 4-3　坏账损失确认通知

【实训要求】 根据以上资料进行会计处理。

项目五
记录存货增减余、
把握存货收发存

任务一 收入、发出、保管原材料（实际成本法）

一、单项选择题（只有一个备选答案是正确的，请将其代号填入括号中）

1. 下列各种物资中，不应作为企业存货核算的是（ ）。

   A. 在产品 B. 低值易耗品

   C. 包装物 D. 工程物资

2. 某小企业为增值税一般纳税人，2013 年 4 月购入 A 材料 1 000 千克，增值税专用发票上注明价款为 30 000 元，增值税 5 100 元，该批材料在运输途中发生 1%的合理损耗，实际验收入库 990 千克，入库前发生挑选整理费用 300 元。该批入库 A 材料的实际总成本为（ ）元。

   A. 29 700 B. 29 997

   C. 30 300 D. 35 400

3. 某小企业原材料按实际成本进行日常核算。2013 年 3 月 1 日结存甲材料 300 千克，每千克实际成本为 20 元；3 月 15 日购入甲材料 280 千克，每千克实际成本为 25 元；3 月 31 日发出甲材料 200 千克。如按先进出法计算 3 月份发出甲材料的实际成本为（ ）元。

   A. 400 B. 500

   C. 4 000 D. 1 400

4. 在物价不断上涨时期，一个小企业可以选用的存货计价方法中，若要使会计报表中的净收益最高，可以采用的计价方法是（ ）。

   A. 加权平均法 B. 先进先出法

   C. 移动加权平均法 D. 个别计价法

5. 小企业在材料收入的核算中，须在月末暂估入账并于下月初红字冲回的是（ ）。

   A. 月末购货发票账单未到，但已入库的材料

   B. 月末购货发票账单已到，货款未付但已入库的材料

   C. 月末购货发票账单已到，货款已付已入库的材料

   D. 月末购货发票账单已到，货款已付但未入库的材料

6. 存货采用先进先出法计价的企业，在物价上涨的情况下，会使企业（ ）。

A. 期末库存升高，当期利润增加

B. 期末库存降低，当期利润增加

C. 期末库存升高，当期利润减少

D. 期末库存降低，当期利润减少

7. 在物价变动的情况下，期末库存存货成本最接近市价的发出存货计价方法是（　　　）。

A. 个别计价法　　　　　　　　　B. 移动加权平均法

C. 全月一次加权平均法　　　　　D. 先进先出法

二、多项选择题（每题有两个或两个以上的答案，请将正确选项的代号填入括号中）

1. 下列各种物资中，应作为企业存货核算的是（　　　）。

A. 在产品　　　　　　　　　　　B. 周转材料

C. 在途物资　　　　　　　　　　D. 委托加工物资

2. 下列项目中，应计入材料采购成本的有（　　　）。

A. 材料买价　　　　　　　　　　B. 装卸费

C. 保险费　　　　　　　　　　　D. 采购人员的差旅费

3. 小企业应当采用（　　）确定发出存货的实际成本。计价方法一经选用，不得随意变更。

A. 个别计价法　　　　　　　　　B. 后进先出法

C. 加权平均法　　　　　　　　　D. 先进先出法

4. 下列各项，会引起企业期末存货账面价值变动的是（　　　）。

A. 已发出商品但尚未确认销售收入

B. 已确认销售收入但尚未发出商品

C. 已收到材料但尚未收到发票账单

D. 已收到发票账单并付款但尚未收到材料

5. 下列项目中，应计入材料采购成本的有（　　　）。

A. 制造费用

B. 进口关税

C. 运输途中的合理损耗

D. 一般纳税人购入材料支付的可以抵扣的增值税

6. 下列各项与存货相关的费用中，应计入存货成本的有（　　　）。

A. 材料采购过程中发生的保险费

B. 材料入库前发生的挑选整理费

C. 在生产过程中为达到下一个生产阶段所必需的仓储费用

D. 运输途中非正常损耗的材料

三、判断题（正确的打"√"，错误的打"×"）

1. 购入材料在运输途中发生的合理损耗无须单独进行账务处理。（　　　）

2. 一般纳税企业购进原材料时，支付的运输费用及其对应的增值税税额都应计入购进

材料的采购成本中。（　　　）

3. 发出存货计价方法的选择直接影响资产负债表中资产总额的多少，而与利润表中净利润的大小无关。（　　　）

4. 企业接受投资者投入的商品，应按照该商品在投资方的账面价值入账。（　　　）

四、综合实训

1. 【实训目的】熟练存货的确认。

【实训资料】

（1）小企业已付款，并已验收入库的货物。（　　　）

（2）小企业按合同发出的货物，款项未收。（　　　）

（3）小企业按合同发出的货物，款项已收。（　　　）

（4）客户已交款并取得提货单，但尚未提走的货物。（　　　）

（5）小企业已付款正处于运输途中的货物。（　　　）

（6）小企业尚未付款但已验收入库，且货物的所有权已经转为本企业的货物。（　　　）

（7）小企业委托其他单位代销的货物。（　　　）

（8）小企业接受其他单位委托代销的货物。（　　　）

【实训要求】根据存货确认的条件，判断以上哪些项目属于本企业的存货。

2. 【实训目的】掌握采用实际成本法时，原材料的收发核算。

【实训资料】江苏环宇公司为增值税一般纳税人。7月1日结存A材料1 000千克，单位成本50元。7月份A材料的收发业务如下。

（1）5日，从外地购入A材料5 000千克，价款235 600元，增值税40 052元；运费2 000元，增值税220元。A材料验收入库时实收4 950千克，短缺50千克属定额内合理损耗。上述货款及增值税未支付。

（2）8日，生产领用A材料2 800千克。

（3）12日，在本市购入A材料3 000千克，价款145 500元，增值税24 735元，材料已验收入库。款项开出转账支票支付。

（4）15日，生产领用A材料3 600千克。

（5）20日，从外地某公司购入A、B两种材料，其中A材料2 500千克，单价45.70元，价款114 250元，B材料2 500千克，单价100元，价款250 000元，两种材料的增值税共为61 922.50元。另外，两种材料的运杂费共1 560元，其中运费的增值税为110元。两种材料已验收入库，运杂费按材料的重量分配。款项用银行存款支付。

（6）24日，生产领用A材料4 000千克。

（7）月末结转领用材料的成本，计算结存A材料的实际成本。

【实训要求】根据以上资料进行会计处理。（发出材料采用加权平均法，小数点后保留两位。）

3. 【实训目的】掌握采用实际成本法时，原材料的收发核算。

【实训资料】江苏环宇公司从江苏南方机电公司购入A、B材料一批，全部款项均未支付。相关原始凭证如图5-1、图5-2、图5-3所示。

江苏省增值税专用发票

开票日期：2013 年 11 月 6 日　　　　　　No 004893626

购货单位	名　称：	江苏环宇公司						
	纳税人识别号：	320103001119928						
	地址、电话：	徐州市建国路 180 号						
	开户银行及账号	中行徐州分行 740108320311						

货物或应税劳务名称	规格型号	单位	数量	单价	金额	税率	税额
A 材料	M1	件	100	1 000	100 000.00	17%	17 000.00
B 材料	S3	件	50	5 000	250 000.00	17%	42 500.00
合计					350 000.00		59 500.00

价税合计（大写）	肆拾万零玖仟伍佰元整	（小写）￥409 500.00

销货单位	名　称：	江苏南方机电公司
	纳税人识别号：	2402021679933
	地址、电话：	徐州市西安路 109 号
	开户银行及账号	工商银行新区支行 4222304131

收款人：张灿　　　　复核：李琴　　　　开票人：谭胜　　　　销货单位（章）

图 5-1　增值税专用发票

（抵扣联略）

江苏货物运输业增值税专用发票

2013 年 11 月 7 日

承运人及纳税人识别号	安阳宏远运输公司 250219325534553		密码区	
实际受票方及纳税人识别号	江苏环宇公司 320103001119928			
收货人及纳税人识别号	江苏环宇公司 32010300119928	发货人及识别号	江苏南方机电公司 2402021679933	
起运地、经由、到达地	徐州—苏州			
费用项目及金额	运输费　3 000	运输货物信息		
合计金额	￥3 330	税率　11%	税额	￥330
价税合计（大写）叁仟叁佰叁拾元整			（小写）￥3 330.00	
车种车号		车船吨位	发票专用章	
主管税务机关及代码	安阳市国家税务局第一分局		税号：250219325534553	备注

图 5-2　货物运输业增值税专用发票

（抵扣联略）

收 料 单

材料科目：原材料

材料类别：原料及主要材料

供应单位：江苏南方机电公司　　　　2013 年 11 月 7 日

编号：138

收料仓库：4 号仓库

发票号码：004893626

材料编号	材料名称	规格	计量单位	数量		实际成本			
				应收	实收	单价	发票金额	运杂费	合计
备注：									

采购员：　　　　　　检验员：白云　　　　　记账员：　　　　　保管员：张群

图 5-3　收料单（2013 年 11 月 7 日）

【实训要求】（1）填制原始凭证图 5-3，运输费用按 A、B 材料的买价比例分配。

（2）根据以上资料进行会计处理。

4.【实训目的】掌握采用实际成本法时，原材料的收发核算。

【实训资料】如图 5-4 所示。

收 料 单

材料科目：原材料

材料类别：原料及主要材料

供应单位：江苏机电公司　　　　2013 年 11 月 30 日

编号：142

收料仓库：4 号仓库

发票号码：

材料编号	材料名称	规格	计量单位	数量		实际成本			
				应收	实收	单价	发票金额	运杂费	合计
	A材料	M1	件		200				200 000. 00
备注：	发票账单未到，按估价入账								

采购员：　　　　　　检验员：白云　　　　　记账员：　　　　　保管员：张群

图 5-4　收料单（2013 年 11 月 30 日）

【实训要求】根据以上原始凭证进行会计处理。

任务二　收入、发出、保管原材料（计划成本法）

一、单项选择题（只有一个备选答案是正确的，请将其代号填入括号中）

1. 在按计划成本核算下，材料已收到并验收入库，但发票账单尚未收到，月份终了，应按（　　）暂估入账。

　　A. 计划价格　　　　　　　　B. 估计价格

　　C. 发票价格　　　　　　　　D. 出厂价格

2. 材料按计划成本计价核算的企业，下列项目中应记入"材料采购"科目贷方的是（　　）。

    A. 材料的买价

    B. 采购材料的运杂费

    C. 结转采购入库材料的超支差异

    D. 结转采购入库材料的节约差异

3. 某小企业原材料采用计划成本核算，甲材料计划成本每千克为 15 元。本月购进甲材料 9 000 千克，取得的增值税专用发票上注明的价款为 150 000 元，增值税税额为 25 500 元。原材料已经验收入库，则购进甲材料发生的成本超支差异为（　　）元。

    A. 25 500　　　　　　　　　　　　B. 40 500

    C. 15 000　　　　　　　　　　　　D. 20 000

4. 某小企业月初结存材料的计划成本为 250 万元，材料成本差异为超支 45 万元。当月入库材料的计划成本为 550 万元，材料成本差异为节约 65 万元。当月生产车间领用材料的计划成本为 600 万元。当月生产车间领用材料的实际成本为（　　）万元。

    A. 645　　　　　　　　　　　　　B. 503

    C. 630　　　　　　　　　　　　　D. 585

二、多项选择题（每题有两个或两个以上的答案，请将正确选项的代号填入括号中）

1. "材料成本差异"科目借方可以用来登记（　　）。

    A. 购进材料实际成本小于计划成本的差额

    B. 发出材料应负担的实际成本大于计划成本的差额

    C. 发出材料应负担的实际成本小于计划成本的差额

    D. 购进材料实际成本大于计划成本的差额

2. "材料成本差异"科目贷方可以用来登记（　　）。

    A. 购进材料实际成本小于计划成本的差额

    B. 发出材料应负担的实际成本大于计划成本的差额

    C. 发出材料应负担的实际成本小于计划成本的差额

    D. 购进材料实际成本大于计划成本的差额

三、判断题（正确的打"√"，错误的打"×"）

1. 采用计划成本进行核算的小企业，月末分摊材料成本差异时，节约记入"材料成本差异"贷方，超支则相反。（　　）

2. 采用计划成本法核算时，企业已支付货款，但尚在运输中或尚未验收入库的材料，应通过"在途物资"这个科目来核算。（　　）

3. 无论小企业对存货采用实际成本核算，还是采用计划成本核算，在编制资产负债表时，资产负债表上的存货项目反映的都是存货的实际成本。（　　）

四、综合实训

1. 【实训目的】掌握采用计划成本法时，原材料的收发核算。

【实训资料】广源公司为一般纳税人，采用计划成本核算原材料，2 月初有关账户余额如下："原材料"借方余额 15 000 元；"材料成本差异"贷方余额 600 元。本月发生下列经济业务。

（1）2 日，收到原材料一批，实际成本 21 300 元，计划成本 20 000 元，增值税 3 621 元。材料已验收入库，货款已于上月预付，本月补付差额 5 000 元。

（2）5 日用银行汇票付外埠采购材料款 10 000 元，税款 1 700 元，运杂费 500 元。材料已运到按计划成本 9 000 元验收入库。

（3）10 日向外单位购入材料一批，发票账单已收到，有关单据上列明材料价款 20 000 元，增值税额 3 400 元。货款已通过银行转账支付，但到月末材料仍未运到。

（4）月末，共发出材料计划成本 30 000 元，其中：基本生产车间领用 20 000 元，车间管理部门领用 6 000 元，厂部管理部门领用 4 000 元。

【实训要求】（1）计算并结转领用材料应分摊的材料成本差异。

（2）计算结存材料的实际成本。

（3）对以上经济业务编制会计分录。

2. 【实训目的】掌握采用计划成本法时，原材料的收发核算。

【实训资料】江苏环宇公司为增值税一般纳税企业，材料按计划成本法核算。甲材料计划单位成本 10 元。该企业 2013 年 6 月份有关资料如下。

（1）"原材料"账户月初余额 40 000 元，"材料成本差异"账户月初贷方余额 548 元，"材料采购"账户月初借方余额 10 600 元（上述账户核算的均为甲材料）。

（2）6 月 5 日，上月已付款的甲材料 1 000 千克如数收到，已验收入库。

（3）6 月 15 日，从外地 A 公司购入甲材料 6 000 千克，增值税专用发票注明价款 59 000 元，增值税 10 030 元，企业已用银行存款支付上述款项，材料尚未到达。

（4）6 月 20 日，从 A 公司购入的甲材料到达，验收入库时发现短缺 40 千克，属于定额内自然损耗。按实收数量验收入库。

（5）6 月 30 日，汇总本月发料凭证，本月共发出甲材料 7 000 千克，全部用于生产产品。

【实训要求】（1）编制会计分录。

（2）计算本月材料成本差异率、本月发出材料应负担的成本差异及月末库存材料的实际成本。

3. 【实训目的】掌握计划成本法下原材料的收发核算。

【实训资料】如图 5-5～图 5-8 所示。

江苏省增值税专用发票

开票日期：2013 年 11 月 日　　　　　　No 004893596

购货单位	名　称：	江苏环宇公司						
	纳税人识别号：	320103001119928			码区			
	地　址、电　话：	徐州市建国路 180 号						
	开户银行及账号	中行徐州分行 740108320311						
货物或应税劳务名称	规格型号	单位	数量	单价	金额	税率	税额
A 材料	M1	件	100	1 000.00	100 000.00	17%	17 000.00
合计					100 000.00		17 000.00
价税合计（大写）	壹拾壹万柒仟元整			（小写）￥117 000.00			
销货单位	名　称：	江苏南方机电公司				备注	
	纳税人识别号：	2402021679933					
	地　址、电　话：	徐州市西安路 109 号					
	开户银行及账号	工商银行新区支行 4222304131					

收款人：张灿　　　　复核：李琴　　　　开票人：谭胜　　　　销货单位：（章）

第一联：发票联

图 5-5　增值税专用发票

（抵扣联略）

中国银行
转账支票存根

支票号码：No.20003602

附加信息

出票日期 2013 年 11 月 1 日

| 收款人：江苏南方机电公司 |
| 金　额：￥117 000.00 |
| 用　途：购材料 |

单位主管 方泊　　会计 马红

图 5-6　转账支票存根

收料单

材料科目：原材料　　　　　　　　　　　　　　　　　　编号：136

材料类别：原料及主要材料　　　　　　　　　　　　　　收料仓库：4 号仓库

供应单位：江苏南方机电公司　　　　2013 年 11 月 1 日　　　发票号码：004893596

材料编号	材料名称	规格	计量单位	数量		实际成本		计划成本	
				应收	实收	单价（元）	金额（元）	单价（元）	金额（元）
	A材料		件	100	100	1 000	100 000.00	1 050	105 000.00
材料成本差异：5000.00									

采购员：　　　　　检验员：白云　　　　　记账员：　　　　　保管员：张群

图 5-7　收料单

领 料 单

领用部门：生产车间　　　　2013 年 11 月 5 日　　　　编号：016

项目	材料名称	A材料	规格	S3	计量单位	件
用途	请领	实发	计划单价(元)	金额（元）	备注	
生产乙产品	150	150	1 050	157 500.00	材料成本差异率2%	
小计		150		157 500.00		

主管：　　　　审核：王露　　　领料人：孙序　　会计：马红　　　发料人：张群

图 5-8　领料单

【实训要求】根据以上原始凭证进行会计处理。

任务三　收入、发出、保管周转材料

一、单项选择题（只有一个备选答案是正确的，请将其代号填入括号中）

1. 随同产品出售单独计价的包装物出售收入应记入（　　）账户。

　　A. 主营业务收入　　　　　　　　　B. 其他业务收入

　　C. 营业外收入　　　　　　　　　　D. 投资收益

2. 出租包装物的租金收入应记入（　　）账户。

　　A. 主营业务收入　　　　　　　　　B. 其他业务收入

　　C. 营业外收入　　　　　　　　　　D. 投资收益

3. 随同商品出售而不单独计价的包装物进行会计处理时，该包装物的实际成本应结转到（　　）科目。

    A. 营业外支出

    B. 其他业务成本

    C. 销售费用

    D. 制造费用

4. 包装产品用的包装纸、绳等包装材料，应在（　　）科目核算。

    A. 库存商品

    B. 包装物

    C. 原材料

    D. 低值易耗品

5. 没收逾期未退包装物押金收益，应记入（　　）科目。

    A. 营业外收入

    B. 其他业务收入

    C. 递延收益

    D. 主营业务收入

6. 对于每期领用金额较大的周转材料，也可以采用（　　）进行摊销。

    A. 一次摊销法

    B. 分次摊销法

    C. 五五摊销法

    D. 计划成本法

二、多项选择题（每题有两个或两个以上的答案，请将正确选项的代号填入括号中）

1. 下列资产中，属于周转材料的有（　　）。

    A. 生物资产

    B. 包装物

    C. 低值易耗品

    D. 原材料

2. 下列应计入"销售费用"的有（　　）。

    A. 支付的广告费

    B. 随同产品出售不单独计价的包装物的成本

    C. 出借包装物的成本

    D. 随同产品出售单独计价的包装物的成本

三、判断题（正确的打"√"，错误的打"×"）

1. 出租包装物，收取押金，应计入"其他应收款"科目。（　　）

2. 采用分次摊销法，低值易耗品领用时应借记"管理费用"或"制造费用"等账户。（　　）

四、综合实训

1.【实训目的】练习周转材料购进业务的操作。

【实训资料】如图 5-9～图 5-11 所示。

江苏省增值税专用发票

开票日期：2013 年 11 月 11 日　　　　　　No 005693612

购货单位	名　　称：	江苏环宇公司				码区		
	纳税人识别号：	320103001119928						
	地　址、电话：	徐州市建国路 180 号						
	开户银行及账号：	中行徐州分行 740108320311						
货物或应税劳务名称		规格型号	单位	数量	单价	金额	税率	税额
包装箱			个	100	15.00	1 500.00	17%	255.00
合计						1 500.00		255.00
价税合计（大写）		壹仟柒佰伍拾伍元整			（小写）￥1 755.00			
销货单位	名　　称：	徐州鹏飞公司				备注		
	纳税人识别号：	2402021679955						
	地　址、电话：	徐州市西安路 208 号						
	开户银行及账号：	工商银行新区支行 4222304185						

收款人：张灿　　　　复核：李琴　　　　开票人：谭胜　　　　销货单位：(章)

第一联：发票联

图 5-9　增值税专用发票

（抵扣联略）

中国银行
转账支票存根

支票号码：No.20003603
附加信息 _____

_____

出票日期 2013 年 11 月 11 日

收款人：	徐州鹏飞公司
金　额：	￥1 755.00
用　途：	购货款

单位主管　方泊　　会计　马红

图 5-10　转账支票存根

项目五　记录存货增减余、把握存货收发存

收 料 单

材料科目：周转材料　　　　　　　　　　　　　　　　　编号：139

材料类别：包装物　　　　　　　　　　　　　　　　　　收料仓库：1 号仓库

供应单位：徐州鹏飞公司　　　　2013 年 11 月 11 日　　发票号码：No 005693612

材料编号	材料名称	规格	计量单位	数量		实际成本			
				应收	实收	单价（元）	发票金额（元）	运杂费	合计（元）
	包装箱		个	100	100	15	1 500.00		1 500.00
备注：									

采购员：　　　　　　检验员：白云　　　　　记账员：　　　　　保管员：张群

图 5-11　收料单

【实训要求】根据以上资料进行会计处理。

2. 【实训目的】练习周转材料分次摊销法的操作。

【实训资料】2013 年 9 月 1 日，泰顺工厂基本生产车间领用工具 30 只，每只成本 100 元，分领用和报废时两次摊销。12 月 20 日，有 5 只专用工具报废，残值 50 元入库。

【实训要求】根据以上资料进行会计处理。

任务四　发出、回收、保管委托加工物资

一、单项选择题（只有一个备选答案是正确的，请将其代号填入括号中）

1. 某小企业为增值税一般纳税人，适用的增值税税率为 17%，消费税税率为 10%。该企业委托其他单位（增值税一般纳税人）加工一批属于应税消费品的原材料，该批委托加工物资收回后直接用于销售。发出材料的成本为 18 万元，支付的不含增值税的加工费为 9 万元，支付增值税 1.53 万元。该批物资已加工完成并验收入库，则该批货物成本为（　　）万元。

　A. 27　　　　　　　　　　　　B. 28

　C. 30　　　　　　　　　　　　D. 29.7

2. 下列税金中，不应计入存货成本的有（　　）。

　A. 由受托方代扣代缴的委托加工直接用于对外销售的商品负担的消费税

　B. 一般纳税企业进口原材料交纳的进口关税

　C. 小规模纳税企业购进货物应交纳的增值税

　D. 由受托方代扣代缴的委托加工继续用于生产应纳消费税的商品负担的消费税

二、多项选择题（每题有两个或两个以上的答案，请将正确选项的代号填入括号中）

1. 下列各项中，增值税一般纳税企业应计入收回委托加工物资成本的有（　　）。

A. 支付的加工费

B. 随同加工费支付的增值税

C. 支付的收回后继续加工的委托加工物资的消费税

D. 支付的收回后直接销售的委托加工物资的消费税

2. 某增值税一般纳税企业委托外单位将 A 货物加工成 B 货物，B 货物为应税消费品，B 货物收回后用于连续生产应税消费品甲产品。该货物委托加工中发生的下列支出中，计入 B 货物成本的是（   ）。

A. A 货物的实际成本

B. 增值税专用发票上注明的加工费

C. 增值税专用发票上注明的增值税

D. 受托单位代收代交的消费税

三、综合实训

【实训目的】练习委托加工物资业务的操作。

【实训资料】甲企业为一般纳税人，委托乙企业加工应交消费税材料一批。发出原材料成本为 300 000 元，支付的加工费为 175 500 元（含增值税），支付消费税 5 000 元，材料加工完成验收入库。甲企业采用实际成本法核算原材料。

【实训要求】分别做出甲企业收回加工材料继续生产应税消费品和直接用于出售两种情况下的账务处理。

任务五 入库、发出、保管库存商品

一、单项选择题（只有一个备选答案是正确的，请将其代号填入括号中）

某小商品批发企业为增值税一般纳税人，本月购入一批商品，取得的增值税专用发票上注明的价款为 800 000 元，增值税税额为 136 000 元，另发生装卸费 8 000 元，途中保险费为 5 000 元，该批商品已验收入库，则该批商品的实际成本为（   ）元。

A. 800 000

B. 936 000

C. 944 000

D. 949 000

二、综合实训

【实训目的】练习库存商品销售业务的操作。

【实训资料】2013 年 12 月 4 日，江苏环宇公司向北方电子有限公司销售甲混合组件一批，款项未收到。双方规定现金折扣条件为 2/10，1/20，N/30。假定计算现金折扣时不考虑增值税。有关单据如图 5-12、图 5-13 所示。

发货单

运输方式：自提

购货单位：北方电子有限公司　　　　2013 年 12 月 4 日　　　　编号 213

产品编号	产品名称	单位	数量	单价（元）	金额（元）	备注
	甲混合组件	套	200	12 000	2 400 000	

销售部门负责人：杨显　　　发货人：沈宁　　　　提货人：李采　　　　制单：张冠

图 5-12　发货单

江苏省增值税专用发票

开票日期：2013 年 12 月 日　　　　　　　No 02356279

购货单位	名　　　称：	北方电子有限公司				密码区		
	纳税人识别号：	560301768432731						
	地　址、电话：	南京市广发路 476 号 87324611						
	开户银行及账号	建设银行南门支行 73420081561370259						
货物或应税劳务名称	规格型号	单位	数量	单价	金额	税率	税额	
甲混合组件	YC1	套	200	15 000	3 000.00	17%	510 000	
合　计					3 000.00		510 000	
价税合计（大写）	叁佰伍拾壹万元整			（小写）￥3 510 000.00				
销货单位	名　　　称：	江苏环宇公司				备注	320103001119928	
	纳税人识别号：	320103001119928						
	地　址、电话：	徐州市建国路 180 号						
	开户银行及账号	中国银行徐州开发区支行 740108320311						

第三联：记账联

收款人：刘红　　　复核：傅和　　　开票人：晓欣　　　　销货单位：

图 5-13　增值税专用发票

【实训要求】根据以上资料进行会计处理。

任务六　确认与记录存货清查

一、单项选择题（只有一个备选答案是正确的，请将其代号填入括号中）

某小企业因火灾原因毁损一批原材料 20 000 元，该批原材料增值税进项税额为 3 400 元。收到各种赔款 2 000 元。报经批准后，应记入"营业外支出"科目的金额为（　　　）元。

A. 20 000　　　　　　　　　　　　B. 18 000

C. 23 400　　　　　　　　　　　　D. 21 400

二、多项选择题（每题有两个或两个以上的答案，请将正确选项的代号填入括号中）

小企业库存材料发生盘亏或毁损，在查明原因后应分别记入（　　）科目。

A. 管理费用　　　　　　　　　　　　B. 营业外支出

C. 原材料　　　　　　　　　　　　　D. 其他应收款

三、判断题（正确的打"√"，错误的打"×"）

1. 存货发生减值时，要提取存货跌价准备。提取存货跌价准备后，当存货的价值又得到恢复时，可将提取的存货跌价准备转回。（　　）

2. 因自然损耗产生的定额内损耗，应将其净损失转作营业外支出。（　　）

3. 存货发生毁损，处置收入、可收回的责任人赔偿和保险赔款，扣除其成本、相关税费后的净额，应当记入"管理费用"科目。（　　）

四、综合实训

【实训目的】练习存货清查业务的操作。

【实训资料】江苏环宇公司月末进行盘点，存货盘点报告表如图 5-14 所示。

存货盘点报告表

2013 年 6 月 30 日　　　　　　　　　　　　　　金额单位：元

品名	计量单位	单价	账存数量	实存数量	盘亏		盘盈		原因
					数量	金额	数量	金额	
A 材料	件	1 000.00	130	131			1	1 000.00	计量差错
B 材料	件	5 000.00	80	79	1	5 000.00			管理不善
C 材料	千克	10.00	200	190	10	100.00			自然损耗
合计	—	—	—	—	—	5 100.00	—	1 000.00	

图 5-14　存货盘点报告表

经领导批准，A 材料、C 材料按规定核销转账；B 材料的盘亏因仓库保管员张群管理不善导致，由其赔偿 2 000 元，剩余损失予以核销转账。

【实训要求】根据以上资料进行会计处理。

项目六
记录投资资产、确认投资收益

任务一　确认、记录短期投资

一、单项选择题（只有一个备选答案是正确的，请将其代号填入括号中）

1. 小企业购买分期付息的债券作为短期投资时，实际支付的购买价款中包含的已到付息期但尚未领取的债券利息，应计入的会计科目是（　　）。

    A. 短期投资　　　　　　　　　　B. 投资收益

    C. 应收利息　　　　　　　　　　D. 财务费用

2. 某小企业 2013 年 3 月 21 日购入水运公司 6 万股股票作为短期投资，每股价格为 6 元。5 月 10 日收到水运公司分派的现金股利 3 万元。收到分派的股利后，企业所持有的水运公司股票每股成本为（　　）元。

    A. 6　　　　　　　　　　　　　B. 5

    C. 5.5　　　　　　　　　　　　D. 3

3. 某小企业以 220 000 元将上月购入的短期股票予以出售，该批股票的账面余额为 200 000 元。则该企业记入"投资收益"科目的金额应为（　　）元。

    A. 10 000　　　　　　　　　　B. 20 000

    C. 30 000　　　　　　　　　　D. 40 000

二、多项选择题（每题有两个或两个以上的答案，请将正确选项的代号填入括号中）

1. 下列项目中，应计入短期投资取得的成本的是（　　）。

    A. 支付的购买价格

    B. 支付的相关税金

    C. 支付的手续费

    D. 支付价款中包含的应收股利

2. 小企业核算实际收到短期投资的现金股利时，可能涉及的会计科目有（　　）。

    A. 投资收益　　　　　　　　　　B. 短期投资

    C. 应收股利　　　　　　　　　　D. 银行存款

三、判断题（正确的打"√"，错误的打"×"）

1. 短期投资的成本是指取得投资时实际支付的全部价款。（　　）

2. 短期股票投资持有期间，被投资单位宣告发放的现金股利，应当在实际收到时确认为投资收益。（　　）

四、综合实训

1.【实训目的】练习短期投资业务的操作。

【实训资料】

（1）江苏环宇公司以每股 10.8 元购入光新股份 50 000 股，并支付交易费 1 620 元，不准备长期持有。交割单如图 6-1 所示。

徐州证券城东营业部

2013 年 4 月 3 日 人民币　　　　成交过户交割单　　　　[买入]

公司代码：3130	申请编号：8756
证券账号：10852318	证券名称：光新股份
资金账号：02458741	成交数量：50 000
股东名称：江苏环宇公司	成交价格：10.80
申报时间：10：50：23	成交金额：540 000.00
成交时间：14：35：10	佣金：1080.00
上次余额：900 000.00	印花税：540.00
实际收付：-541 620.00	过户费：0.00
资金余额 458 380.00	委托费：0.00
股票余额：50000	其他费用：0.00
打印日期：2013 年 4 月 3 日	备注：
经办单位：徐州证券	客户签章：刘红

图 6-1　交割单

（2）2013 年 6 月 30 日，光新股份每股市价为 12 元。

（3）2013 年 7 月 20 日，光新股份宣告分派现金股利，每股 0.20 元；7 月 21 日，江苏环宇公司收到分派的现金股利。

（4）2013 年 9 月 7 日，江苏环宇公司以每股 12.5 元的价格将 50 000 股光新股份股票全部出售。

【实训要求】根据以上资料进行会计处理。

2.【实训目的】练习短期投资业务的操作。

【实训资料】

（1）2013 年 8 月 6 日江苏环宇公司以赚取差价为目的从二级市场购入一批债券作为短期投资，面值总额为 50 万元，利率为 8%，3 年期，每半年付息一次，该债券为 2012 年 1 月 1 日发行。取得时公允价值为 52 万元，含已到付息期但尚未领取的 2013 年上半年的利息 2 万元，另支付交易费用 1 万元，全部价款以银行存款支付。

（2）2013 年 8 月 16 日收到 2013 年上半年的利息 2 万元。

（3）2013 年 12 月 31 日，按债券票面利率计算利息。

（4）2014 年 2 月 8 日，将该债券全部处置，实际收到价款 55 万元。

【实训要求】根据以上资料进行会计处理。

任务二　确认、记录长期债券投资

一、单项选择题（只有一个备选答案是正确的，请将其代号填入括号中）

"长期债券投资"科目所属的"应计利息"明细科目借方登记的内容有（　　）。

A. 分期付息债券计提的利息

B. 一次还本付息债券计提的利息

C. 购入时含有的未到期的利息

D. 购入时含有的已到期的利息

二、多项选择题（每题有两个或两个以上的答案，请将正确选项的代号填入括号中）

小企业在"长期债券投资"科目下，需要设置的明细科目有（　　）。

A. 债券面值 　　　　　　　　　B. 债券溢折价

C. 应计利息 　　　　　　　　　D. 应收利息

三、判断题（正确的打"√"，错误的打"×"）

1. 溢价购入债券时，购入企业按债券票面规定的利率所获得的利息数，加上溢价摊销部分，才等于债券投资的实际利息收入数。（　　）

2. 折价购入债券时，购入企业按债券票面规定的利率所获得的利息数，减去折价的数额，才等于全部债券投资的利息收入数。（　　）

3. 债券的折价或者溢价在债券存续期间内于确认相关债券利息收入时采用直线法或实际利率法进行摊销。（　　）

四、综合实训

1. **【实训目的】**练习长期债券投资业务的操作。

【实训资料】江苏环宇公司 2013 年 1 月 1 日用 500 000 元的价格，购入海螺公司发行的到期一次还本付息债券，债券面值 450 000 元，年利率 6%，期限 3 年。另支付相关税费 1 万元，全部款项用银行存款支付。2015 年 12 月 31 日该批债券到期，收回全部款项。

【实训要求】根据以上资料进行会计处理（取得、持有期间、到期）。

2. **【实训目的】**练习长期债券投资业务的操作。

【实训资料】

（1）某小企业 2012 年 1 月 1 日，购买 B 公司一次还本付息债券，剩余年限为 3 年，划分为长期债券投资，面值为 900 000 元，每年年末按票面利率可收得固定利息 50 000 元，全部款项 900 000 元已用银行存款支付。

（2）该企业 2013 年 11 月 9 日，原对 B 公司的长期债券投资发生投资损失迹象，原投资成本 900 000 元，可收回金额 700 000 元，已将该批债券出售，收回 700 000 元存入银行。

【实训要求】根据以上资料进行会计处理。

任务三　确认、记录长期股权投资

一、单项选择题（只有一个备选答案是正确的，请将其代号填入括号中）

1. 小企业采用成本法核算长期股权投资时，实际收到被投资单位分派的现金股利时，应当（　　）。

    A. 减少长期股权投资　　　　　　B. 冲减应收股利

    C. 增加实收资本　　　　　　　　D. 计入投资收益

2. 以支付现金取得的长期股权投资，应当按照（　　）作为初始投资成本。

    A. 实际支付的购买价款和相关税费

    B. 被投资企业所有者权益账面价值的份额

    C. 被投资企业所有者权益公允价值的份额

    D. 被投资企业所有者权益

3. 通过非货币性资产交换取得的长期股权投资，应当按照（　　）作为成本进行计量。

    A. 换出非货币性资产的评估价值和相关税费

    B. 账面价值

    C. 公允价值

    D. 市场价值

4. 小企业购买上市交易的股票，若支付的价款中含有已宣告但尚未发放的现金股利，应将这部分股利记入（　　）科目。

    A. 短期投资　　　　　　　　　　B. 长期股权投资

    C. 投资收益　　　　　　　　　　D. 应收股利

5. 在成本法下"长期股权投资"科目的余额表示的是（　　）。

    A. 以市价反映的投资金额

    B. 以面值反映的投资金额

    C. 在被投资企业净资产中拥有的份额

    D. 以成本反映的投资金额

6. 《小企业会计准则》对长期股权投资的核算（　　）。

    A. 只能采用权益法核算

    B. 采用成本法和简易的权益法核算

    C. 只能采用成本法核算

    D. 采用权益法和简易的成本法核算

二、多项选择题（每题有两个或两个以上的答案，请将正确选项的代号填入括号中）

1. 在下列项目中，可以构成长期股权投资成本的有（　　）。
   A. 购买股票的价款
   B. 购买股票时支付的相关税费
   C. 实际支付的价款中包含已宣告但尚未发放的现金股利
   D. 咨询费

2. 采用成本法核算长期股权投资，被投资单位宣告分派的现金股利，投资单位可能涉及的科目有（　　）。
   A. 投资收益　　　　　　　　　　　B. 利润分配
   C. 长期股权投资　　　　　　　　　D. 应收股利

三、判断题（正确的打"√"，错误的打"×"）

1. 对长期股权投资采用成本法核算，投资后收到的现金股利和股票股利均应确认为投资收益。（　　）

2. 在成本法下，当被投资企业发生盈亏时，投资企业并不做账务处理；当被投资企业宣告分配现金股利时，投资方应将分得的现金股利确认为投资收益。（　　）

四、综合实训

1. 【实训目的】练习长期股权投资业务的操作。

【实训资料】2013 年 1 月 5 日，江苏环宇公司以银行存款 2 000 000 元取得对乙公司的长期股权投资，所持有的股份占乙公司有表决权股份的 10%，另支付相关税费 50 000 元。江苏环宇公司对乙公司不具有共同控制或重大影响，且该长期股权投资在活跃市场中没有报价、公允价值不能可靠计量。江苏环宇公司采用成本法核算该长期股权投资。2013 年 3 月 10 日，乙公司宣告发放 2012 年度现金股利共 1 000 000 元。

【实训要求】根据以上资料进行会计处理。

2. 【实训目的】练习长期股权投资业务的操作。

【实训资料】

（1）2013 年 3 月 5 日，江苏环宇公司以银行存款 2 000 000 元（含已经宣告但尚未发放的现金股利 100 000 元）取得对乙公司的长期股权投资，所持有的股份占乙公司有表决权股份的 5%，另支付相关税费 30 000 元。江苏环宇公司对乙公司不具有共同控制或重大影响，且该长期股权投资在活跃市场中没有报价、公允价值不能可靠计量。江苏环宇公司采用成本法核算该长期股权投资。

（2）2013 年 3 月 10 日，江苏环宇公司收到宣告发放的现金股利。

（3）2014 年 1 月 5 日，江苏环宇公司出售该长期股权投资，收到出售价款 2 400 000 元，支付相关税费 40 000 元。

【实训要求】根据以上资料进行会计处理。

3. 【实训目的】练习长期股权投资业务的操作。

【实训资料】股权转让协议及资产评估报告书摘要如下，相关单据如图 6-2 所示。

股权转让协议

转让方：丁山股份有限公司

受让方：江苏环宇公司

一、根据《中华人民共和国公司法》第七十二条的规定，并经公司股东会会议决议，股东 丁山股份有限公司 同意将其在 天海有限公司30% 的出资额（即股权，下同）以人民币 500 000 元 转让给受让方 江苏环宇公司。

二、依照本协议转让的出资额自 2013 年 7 月 21 日实施。受让方应支付给转让方的款额按出资额自前述商定转让之日在 天海有限公司30%的股权 的实际价值人民币 500 000 元计算，并以货币形式一次支付给转让方。

三、……

四、……

五、……

六、本协议经双方当事人签名、盖章后生效。

转让方（签字、盖章）：   受让方（签字、盖章）：

法定代表人   陈道平   法定代表人   刘军

本协议签订日期：2013 年 7 月 21 日

中国建设银行
转账支票存根
支票号码：No.22822636
附加信息
_____
_____

出票日期 2013 年 7 月 21 日

| 收款人：丁山股份有限公司 |
| 金　　额：￥500 000.00 |
| 用　　途：股权转让款 |
| 单位主管　　　会计 |

图 6-2　转账支票存根

资产评估报告书摘要

丁山股份有限公司：

　　江苏阳林资产评估有限公司接受贵公司委托，以 2013 年 7 月 21 日为评估基准日，对拟转让的天海有限公司 30%的股权进行了评定和估算。评估目的是确定委估股权的现时市场价值。

　　我们的评估是依据国家关于资产评估的有关规定及其他相关的法律法规，并遵循资产评估的独立性、客观性、科学性、专业性等工作原则和贡献性、替代性、预期性等经济原则进行的。在评估过程中，我们实施了必要的评估程序包括对委估资产、负债等的权属及运营状况进行重点核实和察看、查询及收集有关资料，根据委估资产的实际状况，主要采用重置成本法进行了评估。在评估基准日贵公司持有天海有限公司 30%股权的账面价值为 100 万元；股权调整后账面值为 105 万元；股权评估值为 126 万元；股权增值额为 21 万元。评估结论有效期为一年，即：2013 年 7 月 21 日～2014 年 7 月 20 日。以上内容摘自资产评估报告书，欲了解本评估项目的全面情况，应认真阅读资产评估报告书全文。

评估机构法定代表人：　沈艳

签字注册资产评估师：　刘青于

　　　　　　　　　　　杨秋平

江苏阳林资产评估有限公司

2013 年 7 月 21 日

【实训要求】根据以上资料进行会计处理。

项目七
记录固定资产增减变化、
核算固定资产维修损耗

任务一 记录固定资产的增加

一、单项选择题（只有一个备选答案是正确的，请将其代号填入括号中）

1. 小企业购入需要安装的固定资产，不论采用何种安装方式，固定资产的全部安装成本（包括固定资产买价以及包装运杂费和安装费）均应通过（ ）科目来核算。

    A. "固定资产"   B. "在建工程"

    C. "工程物资"   D. "长期投资"

2. 某小企业 2013 年 6 月购入设备一台，取得的增值税专用发票注明价款 85 000 元，增值税 14 450 元，支付运费 2 500 元，运费按 7%抵扣进项税，则该小企业设备入账的价值为（ ）元。

    A. 87 325   B. 101 950

    C. 101 845   D. 87 500

3. 某小企业自建厂房过程中耗用工程物资的实际成本为 500 000 元；在建工程人员薪酬 228 000 元；领用本企业生产经营用材料 60 000 元，该批材料增值税为 10 200 元。该厂房完工后，其入账价值为（ ）万元。

    A. 728 000   B. 788 000

    C. 798 200   D. 500 000

4. 企业接受投资者投入的一项固定资产，应按（ ）作为入账价值。

    A. 公允价值   B. 投资方的账面原值

    C. 按照评估价值和相关税费   D. 投资方的账面价值

5. 企业建造办公楼领用生产用原材料时，相关的增值税应借记的会计科目是（ ）。

    A. "管理费用"   B. "生产成本"

    C. "在建工程"   D. "其他业务支出"

6. 企业接受固定资产捐赠时，按接受捐赠资产的价值计入（ ）科目。

    A. "营业外收入"   B. "资本公积"

    C. "实收资本"   D. "其他业务收入"

7. 下列说法中，不正确的是（　　　）。

A. 自行建造的固定资产，按建造该项资产达到预定可使用状态前所发生的必要支出，作为入账价值

B. 投资者投入的固定资产，按投资方原账面价值作为入账价值

C. 购置的不须安装的固定资产，按实际支付的买价、运输费、包装费、安装成本、交纳的相关税金等，作为入账价值

D. 改扩建的固定资产，按原固定资产的账面价值，加上由于改建、扩建而使该固定资产达到预定可使用状态前发生的支出，减去改建、扩建过程中发生的变价收入作为入账价值。

二、多项选择题（每题有两个或两个以上的答案，请将正确选项的代号填入括号中）

1. 下列项目中，不应计入固定资产价值的是（　　　）。

A. 购置固定资产时发生的运杂费

B. 为取得固定资产而缴纳的增值税

C. 延长固定资产使用寿命的改良支出

D. 对在用固定资产的维修支出

2. 下列不能在"固定资产"账户核算的有（　　　）。

A. 购入正在安装的设备

B. 经营性租入的设备

C. 融资租入的不须安装的设备

D. 符合资本化条件的固定资产的装修费用

3. 下列税金中，应该计入固定资产入账价值的有（　　　）。

A. 一般纳税企业购入固定资产按照税法规定可以抵扣的增值税进项税额

B. 契税

C. 耕地占用税

D. 车辆购置税

4. 下列固定资产在购建时须记入"在建工程"科目的有（　　　）。

A. 无须安装的固定资产　　　　　　B. 需要安装的固定资产

C. 固定资产的改扩建　　　　　　　D. 固定资产新建工程

5. 下列业务中，不通过"在建工程"科目核算的有（　　　）。

A. 购入需要安装的设备

B. 购入不需要安装的设备

C. 在建工程在竣工决算前发生的借款利息

D. 办理竣工决算之后发生的利息费用

6. 甲企业 2013 年 8 月购入生产用设备并投入使用，价款 300 000 元，进项税额 51 000 元。甲企业以银行存款支付 200 000 元，余款以商业承兑汇票承付。对于该项经济业务的会计处理，正确的有（　　　）。

A. 借记"固定资产"科目 351 000 万元
B. 借记"固定资产"科目 300 000 元
C. 贷记"应付票据"科目 151 000 元
D. 贷记"银行存款"科目 200 000 元

三、判断题（正确的打"√"，错误的打"×"）

1. 投资者投入固定资产的成本，应当按照评估价值和相关税费确定。（　　　）
2. 企业固定资产一旦入账，其原始价值在一般情况下均不允许调整。（　　　）
3. 企业"固定资产"账户核算的固定资产，其所有权均属于本企业。（　　　）
4. 固定资产购建过程中发生的所有借款费用均应计入固定资产。（　　　）
5. 已达到预定可使用状态尚未办理移交手续的固定资产，可先按估计价值记账，待确定实际价值后，再进行调整。（　　　）

四、综合实训

1. 【实训目的】掌握购入固定资产业务的账务处理。

【实训资料】江苏环宇公司 2013 年 12 月 9 日向北京长城机械厂购入一台不需要安装的设备，增值税发票上注明的价款为 384 000 元，增值税为 65 280 元，款项已用转账支票支付，相关单据如图 7-1、图 7-2、图 7-3 所示。

江苏省增值税专用发票

1100073140　　　　　　　　　　　　　　　　　　　No 60792471

抵扣南联

开票日期：2013 年 12 月 9 日

购货单位	名　　　称：江苏环宇公司 纳税人识别号：3024722000 地址、电话：常州市南阳路 290 号 63585788 开户行及账号：工行和平分行 680394184-89	密码区	+*81/27>13<18473-4<5> +->**7<-8+*->74>14723 06>18373/++522*<88901 -2+/<3*>>0<91*100>>41	加密版本：01 1100073140 60792471

货物或应税劳务名称	规格型号	单位	数量	单价	金额	税率	税额
铣床		台	1	384 000	384 000	17%	65 280
合　计					￥384 000		￥65 280

价税合计（大写）	肆拾肆万玖仟贰佰捌拾元整	（小写）￥449 280		

销货单位	名　　　称：北京长城机械厂 纳税人识别号：110104453612588 地址、电话：北京市中华路 188 号 78956238 开户行及账号：工行中华分行 545620458-47	备注	北京长城机械厂 发票专用章 110104453612588	

收款人：×××　　　复核：×××　　　　　　　开票人：庄明　　　销货单位：（章）

第二联：抵扣联　购货方抵扣凭证

图 7-1　增值税专用发票（抵扣联）

江苏省增值税专用发票

1100073140

发河票南联
国家税务总局监制

No 60792471

开票日期：2013 年 12 月 9 日

购货单位	名 称：江苏环宇公司 纳税人识别号：3024722000 地 址、电话：常州市南阳路 290 号 63585788 开户行及账号：工行和平分行 680394184-89				密码区	+*81/27>13<18473-4<5> +->**7<-8+*->74<14723 06>18373/++522*<88901 -2+/<3*>>0<91*100>>41		加密版本：01 1100073140 60792471
货物或应税劳务名称	规格型号	单位	数量	单价	金额	税率	税额	
铣床		台	1	384 000	384 000	17%	65 280	
合 计					￥384 000		￥65 280	
价税合计（大写）	肆拾肆万玖仟贰佰捌拾元整				（小写）￥449 280			
销货单位	名 称：北京长城机械厂 纳税人识别号：110104453612588 地 址、电话：北京市中华路 188 号 78956238 开户行及账号：工行中华分行 545620458-47				备注	北京长城机械厂 发票专用章 110104453612588		

收款人：×××   复核：×××   开票人：庄明   销货单位：（章）

第三联：发票联 购货方记账凭证

图 7-2 增值税专用发票（发票联）

中国建设银行
转账支票存根

支票号码：No.23831457
附加信息

出票日期 2013 年 9 月 3 日

收款人：	北京长城机械厂
金 额：	￥ 449 280.00
用 途：	购入设备
备 注：	（账号 680394184-89）

单位主管   会计

图 7-3 转账支票存根

【实训要求】：根据以上资料进行会计处理。

2.【实训目的】掌握自营建造固定资产业务的账务处理。

【实训资料】江苏环宇公司采用自营方式建造厂房一幢，发生有关业务如下。

（1）12月2日购入为工程准备的各种物资80 000元，支付的增值税税额13 600元。

（2）12月10日实际领用工程物资（含增值税）58 500元。

（3）12月20日领用了企业生产用的原材料一批，实际成本为4 000元，增值税税率为17%。

（4）12月30日计提工程应负担的工程人员薪酬为3 000元；

（5）12月30日领用本企业生产的产品一批，实际成本为60 000元，计税价格为80 000元，增值税税率为17%

（6）厂房达到要使用状态，并交付使用。

【实训要求】根据以上资料进行会计处理。

任务二　确认、记录固定资产损耗

一、单项选择题（只有一个备选答案是正确的，请将其代号填入括号中）

1. 企业计算固定资产折旧时，不考虑的因素有（　　）。

　　A. 固定资产预计使用年限　　　　B. 固定资产取得时的原始价值

　　C. 固定资产净残值　　　　　　　D. 固定资产使用部门

2. 下列各项中应计提固定资产折旧的是（　　）。

　　A. 当月增加的固定资产　　　　　B. 已提前报废的固定资产

　　C. 已提足折旧继续使用的固定资产　D. 以融资租赁方式租入的固定资产

3. 小企业计算10月份固定资产应计提折旧额时，不需要的数据是（　　）。

　　A. 9月份固定资产计提的折旧额

　　B. 9月份增加固定资产应计提的折旧额

　　C. 10月份增加固定资产应计提的折旧额

　　D. 9月份减少固定资产应计提的折旧额

4. 某企业2013年10月2日购入一台不需要安装的设备，支付的价款为200 000元，则该固定资产开始折旧的时间是（　　）。

　　A. 2013年12月　　　　　　　　B. 2014年10月

　　C. 2013年11月　　　　　　　　D. 2014年1月

5. 计提固定资产折旧时，可以先不考虑固定资产残值的方法是（　　）。

　　A. 年限平均法　　　　　　　　　B. 工作量法

　　C. 双倍余额递减法　　　　　　　D. 年数总和法

6. 某项固定资产原值900 000元，预计净残值30 000元，预计使用4年，采用年数总和法第2年应提折旧额为（　　）。

　　A. 348 000　　　　　　　　　　B. 174 000

　　C. 261 000　　　　　　　　　　D. 87 000

7. 企业有设备一台，原价100 000元，预计净残值4 000元，预计可使用年限5年。按双倍余额递减法计提折旧，则第 2 年应计提折旧为（   ）元。

    A. 19 200   B. 20 000

    C. 24 000   D. 24 640

8. 双倍余额递减法和年数总和法这两种固定资产累计折旧的方法的共同点有（   ）。

    A. 每期折旧额相同   B. 每期折旧率相同

    C. 前期折旧高，后期折旧低   D. 不考虑净残值

二、多项选择题（每题有两个或两个以上的答案，请将正确选项的代号填入括号中）

1. 企业的下列固定资产中，应计提折旧的有（   ）。

    A. 经营租入的设备   B. 融资租入的设备

    C. 当月出售的固定资产   D. 大修停用的设备

2. 影响固定资产折旧的因素主要有（   ）。

    A. 固定资产原值   B. 固定资产的使用年限

    C. 固定资产的净残值   D. 固定资产折旧范围

3. 第一年度提取折旧时，就需要考虑固定资产净残值的折旧方法有（   ）。

    A. 年限平均法   B. 工作量法

    C. 双倍余额递减法   D. 年数总和法

4. 双倍余额递减法和年数总和法的共同点有（   ）。

    A. 属于加速折旧法   B. 每期折旧率固定

    C. 前期折旧多，后期折旧少   D. 不考虑净残值

5. 下列固定资产中，不计提折旧的固定资产有（   ）。

    A. 不需要的设备

    B. 当月增加的固定资产

    C. 未提足折旧提前报废的固定资产

    D. 经营租入的固定资产

三、判断题（正确的打"√"，错误的打"×"）

1. 已提足折旧的固定资产，无论是否继续使用，均不再提取折旧；但提前报废的固定资产，应补提折旧。（   ）

2. 某项固定资产的原值为 10 000 元，预计使用年限 5 年，预计净残值 1 000 元，在年数总和法下第二年的折旧额为 2 400 元。（   ）

3. 经营租赁的固定资产，因所有权不属于本企业，因此不应计提折旧。（   ）

4. 加速折旧是通过缩短折旧年限，从而达到加速折旧的目的。（   ）

5. 企业在计提固定资产折旧时，当月增加的固定资产当月计提折旧，当月减少的固定资产当月不提折旧。（   ）

四、综合实训

1.【实训目的】掌握固定资产折旧计算的方法。

【实训资料】江苏环宇公司2013年12月份新购进一批设备，详细情况如下。

（1）12月3日购进一台设备，价款60 000元，增值税率17%，运输费3 000元，安装费1 500元，预计使用5年。采用年限平均法计提折旧。

（2）12月10日购买一台设备供一车间使用，采用工作量法计提折旧。该设备原价200 000元，预计总工作时数为200 000小时，预计净残值为50 000元。该设备2013年工作量为5 000小时。

（3）12月16日购入的一项固定资产的原价为1 000 000元，预计使用年限为5年，预计净残值为4 000元。按双倍余额递减法计提折旧。

（4）12月26日购入一台设备，原价100 000元，该设备预计使用8年，预计净残值率为4%。按年数总和法计算折旧。

【实训要求】按照上述资料分别计算2013年12月购入的4项设备在2014年应计提的折旧额。

2.【实训目的】掌握计提固定资产折旧的账务处理。

【实训资料】江苏环宇公司2013年12月份折旧计算表如表7-1所示。

表7-1 固定资产折旧计算表

2013年12月31日

类别 部门	房 屋				机 器 设 备			
	原价	净残值率	月折旧率	月折旧额	原价	净残值率	月折旧率	月折旧额
生产车间	325 000	4%	0.4%	1 300	14 604 143	5%	0.7917%	12 700
厂部管理 部门	150 000	4%	0.4%	600	682 076.5	5%	0.7917%	5 400

制单 王小月 复核人 李明

【实训要求】根据以上资料进行会计处理。

任务三 确认、记录固定资产后续支出

一、单项选择题（只有一个备选答案是正确的，请将其代号填入括号中）

1. 甲企业对一项原值为120万元、已提折旧60万元的固定资产进行改建，发生改建支出50万元，取得变价收入10万元。则改建后该项固定资产的入账价值为（   ）万元。

A. 100   B. 145

C. 110   D. 150

2. 固定资产改良过程中取得的变价收入，应计入（   ）科目。

A. "主营业务收入"   B. "在建工程"

C. "营业外收入"   D. "固定资产清理"

3. 企业车间使用的固定资产发生的修理费应记入的会计科目是（   ）。

A．"管理费用"   B．"制造费用"

C．"生产成本"   D．"销售费用"

4．某企业有一项原值为 100 000 元的设备，使用年限 10 年，已使用 4 年，按直线法计提折旧，无净残值，现企业对该项固定资产进行改建，发生改建支出 50 000 元，取得变价收入 5 000 元。则改建后该项固定资产的入账价值为（   ）元。

A．105 000   B．110 000

C．145 000   D．150 000

二、多项选择题（每题有两个或两个以上的答案，请将正确选项的代号填入括号中）

1．固定资产的后续支出，可能记入的会计科目有（   ）。

A．"在建工程"   B．"制造费用"

C．"管理费用"   D．"销售费用"

2．下列有关固定资产后续支出的会计处理中，说法正确的有（   ）。

A．企业生产车间发生的固定资产修理费用等后续支出，不符合固定资产确认条件的，应当在发生时计入当期的制造费用

B．企业行政管理部门发生的固定资产修理费用等后续支出，不符合固定资产确认条件的，应当在发生时计入当期的管理费用

C．企业发生的与专设销售机构相关的固定资产修理费用等后续支出，不符合固定资产确认条件的，应当在发生时计入当期的销售费用

D．企业对外经营性出租固定资产发生的修理费用等后续支出，不符合固定资产确认条件的，应当在发生时计入当期的其他业务成本

3．确定固定资产处置损益时，应考虑的因素有（   ）。

A．固定资产账面价值   B．应交营业税

C．应收保险赔偿   D．清理费用

三、判断题（正确的打"√"，错误的打"×"）

1．一切为固定资产发生的后续支出均应计入固定资产的成本。（   ）

2．企业将发生的固定资产后续支出计入固定资产成本的，应当终止确认被替换部分的价值。（   ）

3．固定资产的日常修理支出不增加固定资产价值，固定资产的改扩建支出，都应当增加固定资产价值。（   ）

4．固定资产出售、报废、由于自然灾害而产生的盘亏，均应通过"固定资产清理"科目核算，计算处置固定资产的账面价值。（   ）

四、综合实训

1．【实训目的】掌握固定资产费用化后续支出的账务处理。

【实训资料】江苏环宇公司 2013 年 12 月 9 日车间一台设备出现故障，联系常州人和维修公司进行维修，并支付维修费用 40 000 元，以及增值税 6 800 元，款项已支付，相关单据如图 7-4、图 7-5、图 7-6 所示。

江苏省增值税专用发票

3200052170

抵江扣 联
国家税务总局监制

No 2456346657862

开票日期：2013 年 12 月 9 日

购货单位	名　　　称：江苏环宇公司 纳税人识别号：3458722000 地址、电话：江苏常州长江路 25# 开户行及账号：建行常州分行怀德分理处 2300045678999				密码区		（略）		
货物或应税劳务名称	规格型号	单位	数量	单价	金额		税率	税额
机器设备维修费		台	20	2 000	40 000.00		17%	6 800.00
合　　计					40 000.00			6 800.00
价税合计（大写）	人民币肆万陆仟捌佰元整				（小写）￥46 800.00				
销货单位	名　　　称：常州人和维修公司 纳税人识别号：3204117744334356 地址、电话：常州市人民路 8 号 开户行及账号：农行常州分行新区支行 3576222099887				备注		常州人和维修公司 发票专用章		

收款人：王明　　　　复核人：陈开　　　　开票人：李林　　　　销货单位：（章）

第二联：抵扣联　购货方抵扣用

图 7-4　增值税发票（抵扣联）

江苏省增值税专用发票

3200052170

发江票 联
国家税务总局监制

No 2456346657862

开票日期：2013 年 12 月 9 日

购货单位	名　　　称：江苏环宇公司 纳税人识别号：3458722000 地址、电话：江苏常州长江路 25# 开户行及账号：建行常州分行怀德分理处 2300045678999				密码区		（略）		
货物或应税劳务名称	规格型号	单位	数量	单价	金额		税率	税额
机器设备维修费		台	20	2 000	40 000.00		17%	6 800.00
合　　计					40 000.00			6 800.00
价税合计（大写）	人民币肆万陆仟捌佰元整				（小写）￥46 800.00				
销货单位	名　　　称：常州人和维修公司 纳税人识别号：3204117744334356 地址、电话：常州市人民路 8 号 开户行及账号：农行常州分行新区支行 3576222099887				备注		常州人和维修公司 发票专用章		

收款人：王明　　　　复核人：陈开　　　　开票人：李林　　　　销货单位：（章）

第三联：发票联　购货方作购货凭证入账

图 7-5　增值税发票（发票联）

项目七　记录固定资产增减变化、核算固定资产维修损耗

```
        中国建设银行
        转账支票存根
支票号码：No.22822630
附加信息

_____

_____

_____

出票日期 2013 年 12 月 9 日

收款人：常州人和维修公司

金  额：￥46 800.00

用  途：修理费

备  注：账号 2300045678999

单位主管        会计
```

图 7-6　转账支票存根

【实训要求】根据以上资料进行会计处理。

2.【实训目的】掌握固定资产资本化后续支出的账务处理。

【实训资料】2013 年 12 月江苏环宇公司对车间用房进行扩建。

（1）12 月 10 日对第一仓库进行改扩建，该仓库的原值为 500 000 元，累计折旧为 200 000 元。

（2）12 月 20 日以银行存款支付扩建工程款 80 000 元。

（3）12 月 22 日领用库存材料，材料成本 50 000 元，其购进时已支付增值税 8 500 元。

（4）12 月 26 日扩建中拆除部分的材料变价收入为 2 000 元。

（5）2014 年 2 月 16 日，仓库扩建工程完工。

【实训要求】根据以上资料进行会计处理。

任务四　确认、记录固定资产处置

一、单项选择题（只有一个备选答案是正确的，请将其代号填入括号中）

1. 下列项目中，不属于"固定资产清理"账户的核算内容有（　　　）。

　　A. 固定资产报废　　　　　　　　B. 固定资产出售

　　C. 固定资产盘盈　　　　　　　　D. 固定资产毁损

2. 固定资产清理结束后，应将净损失转入（　　）科目。

　　A. 管理费用　　　　　　　　　　B. 制造费用

　　C. 营业外支出　　　　　　　　　D. 营业外收入

3. 小企业进行财产清查时盘亏设备一台，其账面原值 25 000 元，已提取折旧 18 000 元，则应记入"待处理财产损溢"科目的金额是（　　）元。

  A. 7 000   B. 12 000

  C. 25 000   D. 30 000

4. 企业盘盈的固定资产，经批准转销后，应计入（　　）科目。

  A. "其他业务收入"   B. "营业外支出"

  C. "资本公积"   D. "营业外收入"

5. "固定资产清理"账户的借方登记的项目有（　　）。

  A. 残值变价收入   B. 出售固定资产的价格

  C. 结转的清理净损益   D. 结转的清理净损失

6. 某企业出售一台设备（不考虑相关税费），原价 200 000 元，已提折旧 80 000 元，出售设备时发生各种清理费用 10 000 元，出售设备所得价款 110 000 元。该设备出售净收益为（　　）元。

  A. -2 000   B. 2 000

  C. 20 000   D. -20 000

7. 某公司因火灾毁损了一批设备，其账面原值为 100 000 元，已提折旧 60 000 元，支付清理费 8 000 元，保险公司赔款 20 000 元，设备残值变价收入 10 000 元。计入"营业外支出"科目的数额为（　　）元。

  A. 58 000   B. 18 000

  C. 28 000   D. 64 000

二、多项选择题（每题有两个或两个以上的答案，请将正确选项的代号填入括号中）

1. 下列业务中通过"固定资产清理"科目核算的有（　　）。

  A. 出售固定资产   B. 固定资产报废

  C. 固定资产损毁   D. 固定资产对外投资

2. "固定资产清理"科目贷方登记的项目有（　　）。

  A. 出售固定资产的价款   B. 变价收入

  C. 残料价值   D. 应由保险公司或过失人赔偿的损失

3. 小企业结转固定资产清理净损益时，可能涉及的会计科目有（　　）。

  A. 管理费用   B. 营业外收入

  C. 营业外支出   D. 长期待摊费用

三、判断题（正确的打"√"，错误的打"×"）

1. 企业生产经营期间发生的固定资产出售、报废、毁损形成的净损失，应该直接计入当期损益通过管理费用核算。（　　）

2. 企业出售固定资产应交的营业税，应列入利润表的"营业税金及附加"项目。（　　）

四、综合实训

1.【实训目的】掌握固定资产处置业务的账务处理。

【**实训资料**】江苏环宇公司 2013 年 11 月发生如下经济业务。

（1）11 月 3 日准备出售一座建筑物，原价为 2 000 000 元，累计折旧为 800 000 元，将该固定资产转入清理。

（2）11 月 6 日支付清理费用 2 000 元。

（3）11 月 15 日将该建筑物出售给江苏贸通公司，出售价格为 160 000 元，收到价款。

（4）11 月 16 日计算应交纳的营业税，营业税税率 5%。

（5）11 月 30 日结转处置利得或损失。

【**实训要求**】根据以上资料分别进行会计处理。

2. 【**实训目的**】掌握固定资产盘亏业务的账务处理。

【**实训资料**】江苏环宇公司 11 月 25 日，财产清查中发现盘亏一台设备，其原价为 50 000 元，已提折旧 15 000 元。11 月 30 日，盘亏设备的原因查明，经有关机构批准后，责成过失人赔偿 8 000 元，其余部分转入营业外支出。

【**实训要求**】根据以上资料进行会计处理。

项目八 记录各项负债、明确责任义务

任务一 确认、记录短期借款

一、单项选择题（只有一个备选答案是正确的，请将其代号填入括号中）

1. 下列各项中，不属于企业流动负债的有（   ）。
   - A. 预收账款
   - B. 应付债券
   - C. 应付职工薪酬
   - D. 预付账款

2. 短期借款在核算时，不会涉及的账户是（   ）。
   - A. "短期借款"
   - B. "应付利息"
   - C. "财务费用"
   - D. "其他应付款"

二、多项选择题（每题有两个或两个以上的答案，请将正确选项的代号填入括号中）

1. 下列有关负债的表述中，不恰当的有（   ）。
   - A. 负债是企业承担的现时义务
   - B. 企业未来会发生的交易形成的义务，应属于的企业的负债
   - C. 只要是企业的现时义务，就应是企业的负债
   - D. 如果与某些现时义务有关的经济利益很可能流出企业，就应作为一项负债确认。

2. 借款的利息费用列支渠道有（   ）。
   - A. 财务费用
   - B. 在建工程
   - C. 无形资产
   - D. 管理费用

三、判断题（正确的打"√"，错误的打"×"）

1. 负债是过去的交易、事项形成的潜在的义务，履行该义务预期会导致经济利益流出企业。（   ）

2. 短期借款利息在预提或实际支付时均通过"短期借款"核算。（   ）

3. 企业的短期借款利息应在实际支付时计入当期财务费用。（   ）

4. 资产负债表日，按计算确定的短期借款利息费用，贷记的会计科目是"应付利息"。（   ）

四、综合实训

【实训目的】练习短期借款业务的操作。

【实训资料】

企业名称：徐州纺织机械公司　　　　地址：徐州市建国路 180 号

注册资金：人民币 5 000 万元　　　　企业类型：有限责任公司（增值税一般纳税人）

增值税率 17%，所得税率 25%　　　　经营范围：纺织产品研发、生产和销售

纳税人登记号：320103001119928　　　开户银行：中国银行徐州开发区支行

基本账户账号：740108320311　　　　法人代表：王军

（1）2014 年 1 月 2 日，企业因生产经营需要，从银行取得一项为期 3 个月的临时借款 120 000 元，年利率 4.8%，借款利息数额不大，不考虑预提，借款到期一次以存款还本付息。

（2）企业因生产经营需要，于 2014 年 7 月 1 日从银行取得一项为期 6 个月的生产周转借款 900 000 元，年利率 4.8%，借款利息分月预提，第一次利息于 9 月 30 日支付，12 月 31 日归还借款本金并支付第二次利息。

（3）收入存款利息，如图 8-1 所示。

中国工商银行计付存款利息清单（收款通知）
2014 年 12 月 31 日

单位名称	徐州纺织机械厂	结算户账号	740108320311
计息起讫日期	年　月　日至　年　月　日		
计算户账号	计息总积数	利率（年）	利息金额
			￥1100
备注：你单位上述存款利息 　　　已收入你单位账户。			

图 8-1　收款通知

【实训要求】根据以上资料进行会计处理。

任务二　确认、记录应付及预收款项

一、单项选择题（只有一个备选答案是正确的，请将其代号填入括号中）

1. 期末，应付票据按其面值和票面利率计提利息时，应作的会计分录是（　　　）。

　　A. 借记"财务费用"科目，贷记"应付利息"科目

　　B. 借记"管理费用"科目，贷记"应付利息"科目

　　C. 借记"财务费用"科目，贷记"应付票据"科目

　　D. 借记"管理费用"科目，贷记"应付票据"科目

2. 某企业以一张期限为 6 个月的商业承兑汇票支付货款，票面价值为 100 万元，票面年利率为 6%。该票据到期时，企业应支付的金额为（　　）万元。

  A. 106　　　　　　　　　　　　B. 104

  C. 103　　　　　　　　　　　　D. 100

3. 如果企业不设置"预收账款"科目，应将预收的货款计入（　　）。

  A. 应收账款的借方　　　　　　　B. 应收账款的贷方

  C. 应付账款的借方　　　　　　　D. 应付账款的贷方

4. 下列有关应付票据处理的表述中，不正确的是（　　）。

  A. 企业开出并承兑商业汇票时，应按票据的面值贷记"应付票据"

  B. 企业支付的银行承兑手续费，计入当期"财务费用"

  C. 带息应付票据到期支付时，按票面金额支付

  D. 企业到期无力支付的不带息商业承兑汇票，应按票面金额转入"应付账款"

二、判断题（正确的打"√"，错误的打"×"）

1. 企业到期无力偿付的商业承兑汇票，应按其账面余额转入"短期借款"科目。（　　）

2. 企业附有现金折扣的应付账款，应按照扣除现金折扣前的应付账款总额入账，因在折扣期限内付款而获得的现金折扣，应在偿付应付账款时冲减购货成本。（　　）

3. 企业确实无法支付的应付账款，应按照其账面余额计入营业外收入。（　　）

三、综合实训

【实训目的】练习应付及预收款项业务的操作。

【实训资料】以下是徐州纺织机械厂 2014 年 3 月发生的经济业务。

（1）徐州纺织机械公司 2014 年 3 月 1 日从甲公司购入 A 材料一批，货款 20 000 元，增值税 3 400 元，材料已验收入库（材料按实际成本计价核算），企业签发并承兑面值 23 400 元，为期 6 个月的不带息商业承兑汇票支付货款。

（2）2014 年 3 月 1 日从乙公司购入 B 材料一批，货款 40 000 元，增值税 6 800 元，材料已验收入库（材料按实际成本计价核算），企业签发并承兑一张面值 46 800 元，年利率为 6%，为期 3 个月的带息银行承兑汇票，并以银行存款支付银行承兑手续费 400 元。

（3）2014 年 3 月 4 日从丙公司购入 C 原材料一批，货款 60 000 元，增值税税率 17%，材料已验收入库，价税款尚未支付。双方商定若在 20 天内付款可享受货款的 3% 的现金折扣，该企业原材料按实际成本计价核算。

（4）2014 年 3 月 22 日支付 3 月 4 日从丙公司购料的款项。

（5）2014 年 3 月 24 日的收款业务，有关单据如图 8-2、图 8-3 所示。

（6）2014 年 3 月 25 日向五丰公司购入 D 原材料一批，材料已验收入库，价款因尚未收到发票账单而无法支付。

（7）2014 年 3 月 31 日向五丰公司购入 D 原材料业务，至月终仍未收到发票账单，月终企业按估价 36 000 元暂付入账。

（8）2014 年 3 月 31 日计提银行承兑汇票的应付利息。

中国工商银行　进账单（收账通知或回单）　No 35877350

2014 年 3 月 24 日

付款人	全称	华北棉纺厂	收款人	全称	徐州纺织机械厂
	账号	780264593-56		账号	740108320311
	开户银行	工行中山分行		开户银行	工行和平分行

人民币（大写）陆拾捌万元整	千 百 十 万 千 百 十 元 角 分
	6 8 0 0 0 0 0 0

中国工商银行和平分行
21040324
办讫章

票据种类	转账支票	票据张数	1 张
票据号码	22037528		

复核　　记账

收款单位开户行盖章

此联是回单

图 8-2　电汇凭证（收账通知）

购 销 合 同　　No 020101236

甲方：徐州纺织机械厂

乙方：华北棉纺厂

双方经友好协商，就采用预收货款销货方式，订立如下合同。

一、购销货物：成卷机 1 台，单价 197 500 元；混棉机 2 台，单价 185 000 元。

二、付款方式：乙方于合同签订后两日内预付货款 68 000 元，其余货款待收到商品后三日内一次结清。

三、供货时间：甲方于收到预付货款后五日内发出商品。

四、违约责任：违约方向守约方交违约金 10 000 元。

五、本合同自 2014 年 3 月 24 日生效，合同义务履行完自动失效。

六、合同未尽事宜，由甲、乙双方协商解决。

甲方：盖章　　　　　　　　　　　乙方：盖章
代表签字：李华　　　　　　　　　代表签字：陈波
2014 年 3 月 24 日　　　　　　　　2014 年 3 月 24 日

图 8-3　购销合同

（9）2014 年 3 月 31 日因债权单位撤销，将确实无法支付的给 E 单位的应付账款 1 000 元予以转销。

【实训要求】根据以上资料进行会计处理。

任务三　确认、记录应付职工薪酬

一、单项选择题（只有一个备选答案是正确的，请将其代号填入括号中）

1. 按照《企业会计准则第 9 号——职工薪酬》的规定，职工薪酬不包括的内容有（　　）。

    A. 医疗保险费等社会保险费　　　　B. 住房公积金

    C. 工会经费和职工教育经费　　　　D. 职工出差报销的差旅费

2. 非货币性职工薪酬主要为非货币性福利，通常不包括的内容有（　　）。

    A. 企业以自己的产品发放给职工作为福利

    B. 向职工无偿提供企业拥有的房屋供其居住

    C. 购买实物发放给职工

    D. 为职工缴纳的养老保险费

3. 企业从应付职工薪酬中代扣的个人所得税，贷记的会计科目是（　　）。

    A. 其他应收款　　　　　　　　　　B. 应交税费——应交个人所得税

    C. 银行存款　　　　　　　　　　　D. 其他应付款

4. 企业支付工会经费和职工教育经费用于工会活动和职工培训，应借记的会计科目是（　　）。

    A. "管理费用"　　　　　　　　　　B. "其他应收款"

    C. "应付职工薪酬"　　　　　　　　D. "其他应交款"

5. 下列项目中，属于职工福利费管理的是（　　）。

    A. 职工困难补助　　　　　　　　　B. 通信补贴

    C. 交通补贴　　　　　　　　　　　C. 节日补助

二、多项选择题（每题有两个或两个以上的答案，请将正确选项的代号填入括号中）

1. 下列项目中，属于职工薪酬准则中规范的内容的是（　　）。

    A. 职工福利费　　　　　　　　　　B. 职工出差报销的差旅费

    C. 社会保险费　　　　　　　　　　D. 住房公积金

2. 下列各项职工薪酬中，不能直接在"管理费用"中列支的有（　　）。

    A. 生产人员的薪酬　　　　　　　　B. 行政人员的薪酬

    C. 车间管理人员的薪酬　　　　　　D. 研发人员的薪酬

3. 下列各项开支中，不通过"应付职工薪酬"反映的有（　　）。

    A. 职工差旅费　　　　　　　　　　B. 职工生活困难补助

    C. 职工社会保险费　　　　　　　　D. 业务招待费

4. 职工福利费包括（　　）。

    A. 职工因公负伤赴外地就医路费　　B. 职工生活困难补助

C. 自办职工食堂经费补贴   D. 独生子女费

三、判断题（正确的打"√"，错误的打"×"）

1. 应付职工薪酬包括职工在职期间和离职后提供给职工的全部货币性薪酬和非货币性福利，也包括解除劳务关系给予的补偿。（   ）

2. 企业为职工缴纳的基本养老保险金、补充养老保险费，均属于企业提供的职工薪酬。（   ）

四、综合实训

【实训目的】练习应付职工薪酬业务的操作。

【实训资料】徐州纺织机械公司 2014 年 3 月 31 日有关科目余额如表 8-1 所示。

表 8-1　　　　　　　　　　　　有关科目余额表　　　　　　　　　金额单位：元

总账科目	明细科目	借方余额	贷方余额
应付职工薪酬	工资		97 193
	养老保险 21%		20 410.53
	医疗保险 8%		7 877.44
	失业保险 2%		1 943.86
	生育保险 0.8%		777.54
	工伤保险 1%		971.93
	住房公积金 10%		9 719.3
其他应付款	养老保险 8%		
	医疗保险 2%		
	失业保险 1%		
	住房公积金 10%		9 719.3
应交税费	个人所得税		398.8

2014 年 4 月发生以下职工薪酬业务。

（1）6 日签发转账支票，金额 97 193 元，连同工资结算单（职工工资明细）送交银行，由银行代发工资。

（2）6 日申报交纳社会保险费。

（3）7 日向住房公积金管理部门交纳住房公积金。

（4）7 日申报交纳个人所得税。

（5）2014 年 4 月 30 日，工资结算汇总表等表格如表 8-2～表 8-5 所示。

表 8-2 工资结算汇总表

2014 年 4 月 30 日　　　　　　　　　　　金额单位：元

部门		基本工资	岗位工资	各种补贴	生产奖金	应扣病事假工资	应付工资	代扣款项						实发工资
								养老保险	医疗保险	失业保险	住房公积	个人所得税	合计	
一车间	生产工人	42 000	7 400	3 800	4 200	860	56 540	2 590	1 600	650	920	360	6 120	50 420
	管理人员	21 000	2 800	1 300	3 500	290	28 310	1 350	800	230	460	170	3 010	25 300
	小计	63 000	10 200	5 100	7 700	1 150	84 850	3 940	2 400	880	1 380	530	9 130	75 720
二车间	生产工人	28 000	4 800	2 100	2 750	710	36 940	2 100	1 000	580	610	230	4 520	32 420
	管理人员	12 000	1 600	900	1 400	330	15 570	1 530	600	260	260	80	2 730	12 840
	小计	40 000	6 400	3 000	41 500	1 040	52 510	3 630	1 600	840	870	310	7 250	45 260
三车间	生产工人	36 000	6 000	3 200	3 500	280	48 420	2 750	1 500	6 620	790	300	5 960	42 460
	管理人员	28 000	3 000	1 700	1 350	——	34 050	1 420	1 100	270	610	270	3 670	30 380
	小计	64 000	9 000	4 900	4 850	280	82 470	4 170	2 600	890	1 400	570	9 630	72 840
机修车间		15 000	1 800	1 000	1 600	——	19 220	1 150	750	360	330	240	2 830	16 390
福利部门		6 800	860	600	500	80	8 680	440	250	130	140	100	1 060	7 620
管理部门		56 000	9 500	5 200	5 500	2 300	73 900	420	3 180	850	1 230	480	9 980	63 920
合计		244 800	37 760	19 800	24 300	5 030	321 630	17 570	10 780	3 950	5 350	2 230	39 880	281 750

表 8-3 工资费用分配汇总表

2014 年 4 月　　　　　　　　　　　金额单位：元

车间及部门		分配计入			直接计入	合计
		生产工时（小时）	分配率	分配额		
一车间	A 产品工人	12 000				
	B 产品工人	8 000				
	小计	20 000				
	车间管理人员					
二车间	B 产品工人	3 500				
	C 产品工人	4 500				
	小计	8 000				
	车间管理人员					
三车间	D 产品工人	6 000				
	车间管理人员					

续表

车间及部门		分配计入			直接计入	合计
		生产工时（小时）	分配率	分配额		
辅助车间	机修车间					
福利部门人员						
行政管理部门						
合　计						

表 8-4　　　　　　　　　　企业应负担的五险一金计算表

2014 年 4 月

金额单位：元

车间及部门		应付工资总额	养老保险 21%	医疗保险 8%	失业保险 2%	生育保险 0.8%	工伤保险 1%	公积金 10%
一车间	A 产品工人							
	B 产品工人							
	小计							
	车间管理人员							
二车间	B 产品工人							
	C 产品工人							
	小计							
	车间管理人员							
三车间	D 产品工人							
	车间管理人员							
辅助车间	机修车间							
福利部门人员								
行政管理部门								
合　计								

表 8-5　　　　　　　　工会经费、职工教育经费计算表

2014 年 4 月

金额单位：元

计提项目	计提基数	计提比率%	计提金额	借记账户	贷记账户
工会经费	本月工资总额	2			
职工教育经费		2.5			
合　计					

【实训要求】填写工资费用分配汇总表、企业应负担的五险一金计算表、工会经费、职工教育经费计算表并根据以上资料进行会计处理。

任务四　计算、记录应交税费

一、单项选择题（只有一个备选答案是正确的，请将其代号填入括号中）

1. 某工业生产企业为小规模纳税人，本期购入原材料一批，取得增值税专用发票上注明原材料价款为 200 000 元，增值税额为 34 000 元，材料尚未到达，并支付运费 1 200 元，已取得运费发票，其应计入材料采购账户的金额为（　　）元。

    A. 201 200　　　　　　　　　　　B. 235 200

    C. 218 116　　　　　　　　　　　D. 217 000

2. 某增值税一般纳税企业收购免税农产品一批，按规定买价的 13%准予抵扣，购买时实际支付价款 86 000 元，这一业务使企业"应交税金——应交增值税（进项税额）"账户借方增加（　　）元。

    A. 0　　　　　　　　　　　　　　B. 8 600

    C. 11 180　　　　　　　　　　　D. 12 851

3. 某增值税一般纳税企业购入一批商品，进货价格为 80 万元，增值税进项税额 13.6 万元，所购商品到达后验收时发现商品短缺 1%，查明为合理损失。该商品应计入存货的实际成本为（　　）万元。

    A. 70.2　　　　　　　　　　　　B. 56

    C. 80　　　　　　　　　　　　　D. 60

4. 企业交纳本期应交增值税，应通过（　　）科目核算。

    A. "应交税费——应交增值税（销项税额）"

    B. "应交税费——应交增值税（进项税额）"

    C. "应交税费——应交增值税（进项税额转出）"

    D. "应交税费——应交增值税（已交税金）"

5. 增值税小规模纳税人在月份终了，交纳本月应交未交的增值税的会计处理正确的是（　　）。

    A. 借记"应交增值税"明细科目

    B. 贷记"应交增值税"明细科目

    C. 冲减"应交税费——应交增值税（销项税额）"明细科目

    D. 借记"应交税费——应交增值税（已交税金）"明细科目

6. 应交消费税的委托加工物资收回后用于连续生产应税消费品的，按规定准予抵扣的由受托方代扣代缴的消费税，应当记入（　　）科目。

    A. "生产成本"　　　　　　　　　B. "应交税费——应交消费税"

    C. "主营业务成本"　　　　　　　D. "委托加工物资"

7. 企业按规定计算应交的教育费附加，借记"营业税金及附加"科目，贷记的会计科目是（　　）。

A. "其他应交款"   B. "其他应付款"

C. "应交税费"   D. "其他应收款"

8. 企业发生下列税金，不应计入管理费用的是（　　　）。

    A. 房产税   B. 收到先征后返增值税

    C. 土地使用税   D. 车船使用税

9. 企业出售固定资产应交的营业税，应借记的会计科目是（　　　）。

    A. "营业税金及附加"   B. "固定资产清理"

    C. "营业外支出"   D. "其他业务成本"

10. 下列各项税费中，不可以计入"营业税金及附加"科目的有（　　　）。

    A. 消费税   B. 资源税

    C. 城市维护建设税   D. 增值税的销项税额

二、多项选择题（每题有两个或两个以上的答案，请将正确选项的代号填入括号中）

1. 一般纳税人设置的"应交税费——应交增值税"多栏式明细账设置的栏目有（　　　）。

    A. 销项税额   B. 进项税额转出

    C. 进项税额   D. 已交税金

2. 企业支付的增值税额作为进项税额予以抵扣，可以是以下凭证的有（　　　）。

    A. 增值税专用发票

    B. 购货合同

    C. 海关完税凭证

    D. 经税务机关批准的收购免税农产品或废旧物资的凭证

3. 下列各项业务中所支付的增值税，按规定能够作为进项税额予以抵扣的有（　　　）。

    A. 一般纳税人采购生产用原材料，取得的增值税专用发票中注明的增值税进项税额

    B. 小规模纳税人采购生产用原材料，取得的增值税专用发票中注明的增值税进项税额

    C. 一般纳税人购入生产用设备，取得的增值税专用发票中注明的增值税进项税额

    D. 一般纳税人支付委托加工物资的加工费时，取得的增值税专用发票中注明的增值税进项税额

4. 下列事项发生后，应计入"应交税费——应交增值税（进项税额转出）"科目的有（　　　）。

    A. 将原材料用于厂房建造   B. 将原材料用于对外投资

    C. 将产成品用于厂房建造   D. 已完工产成品发生非正常损失

5. 下列行为中，应视同销售必须计算交纳增值税销项税额的有（　　　）。

    A. 将自产或委托加工货物对外捐赠

    B. 将自产或委托加工的货物用于非应税项目

    C. 在建工程领用原材料

    D. 将自产或委托加工货物对外投资

6. 下列税金，应计入企业固定资产价值的有（　　　）。

A. 购买房屋交纳的契税　　　　　　　B. 购买汽车交纳的车船税

C. 购买汽车交纳的车辆购置税　　　　D. 购买小轿车交纳的增值税

7. 下列各项税金中，应计入相关资产成本的有（　　　　）。

 A. 以库存商品对外投资应交的增值税

 B. 小规模纳税企业购入原材料的增值税

 C. 小规模纳税企业购入库存商品的增值税

 D. 购入一台生产用设备的增值税

8. "应交税费"科目核算企业按照税法规定计算应交纳的各种税费包括（　　　　）。

 A. 教育费附加　　　　　　　　　　B. 矿产资源补偿费

 C. 企业代扣代交的个人所得税　　　D. 资源税

9. 下列税费中应计入"管理费用"科目的有（　　　　）。

 A. 车船使用税　　　　　　　　　　B. 土地使用税

 C. 车辆购置税　　　　　　　　　　D. 契税

10. 企业所发生的下列税费中，应计入"营业税金及附加"科目的有（　　　　）。

 A. 企业出售不动产应交的营业税

 B. 企业出售无形资产所有权应交的营业税

 C. 企业出租无形资产应交的营业税

 D. 企业出售商品时应交的消费税

11. 企业按规定交纳营业税的项目有（　　　　）。

 A. 销售商品取得收入　　　　　　　B. 销售不动产取得收入

 C. 出租有形动产取得收入　　　　　D. 提供餐饮等传统服务业劳务取得收入

三、判断题（正确的打"√"，错误的打"×"）

1. 某企业为小规模纳税企业，销售产品一批，含税价格为 206 000 元，增值税征收率为 3%，该批产品应交增值税为 6 000 元。（　　　）

2. 企业购进非生产经营用固定资产支付的增值税，应计入"应交税费——应交增值税（进项税额）"科目。（　　　）

3. 企业转让的土地使用权应交的土地增值税，土地使用权与地上建筑物及其附着物一并在"固定资产"等科目核算的，应借记"固定资产清理"科目，贷记"应交税费——应交的土地增值税"科目。（　　　）

4. 企业用应税消费品对外投资，按规定缴纳的消纳税，应计入"长期股权投资"科目。（　　　）

5. 企业应交的各种税金，都应通过"应交税费"科目核算。（　　　）

6. 企业应按应交流转税的一定比例计算交纳应交城建税。（　　　）

四、综合实训

【实训目的】练习应交税费业务的操作。

【实训资料】徐州纺织机械公司 2014 年 3 月 31 日有关科目余额如表 8-6 所示。

表 8-6　　有关科目余额表　　金额单位：元

总账科目	明细科目	借方余额	贷方余额
应交税费	未交增值税		50 000
	应交企业所得税		30 000
	应交城市维护建设税（7%）		3 500
	应交教育费附加（2%）		1 500
	应交地方教育费附加（3%）		500

2014 年 4 月发生以下应交税费业务。

（1）3 日，购进免税农产品一批，以银行存款支付购买价款 60 000 元，保险费 3 000 元，运输费 2 000 元及增值税 220 元。农产品增值税扣除率为 13%。

（2）5 日，盘点发现库存 A 材料霉烂变质，该批原材料实际成本为 20 000 元，收回残料价值 900 元，保险公司赔偿 3 000 元，该企业购入材料的增值税税率为 17%。

（3）6 日，申报交纳未交增值税、应交企业所得税、应交城市维护建设税、应交教育费附加、应交地方教育费附加。

（4）7 日，购入 B 材料一批，增值税专用发票上注明的原材料价款为 50 000 元，增值税为 8 500 元，材料已验收入库，货款尚未支付。

（5）8 日，从天源公司购入 B 材料一批，专用发票注明价款为 20 000 元，增值税为 3 400 元。材料由安达运输公司（小规模纳税人）负责运输，专用发票注明运输费为 2 000 元，增值税为 600 元，材料验收入库。开出为期两个月的商业承兑汇票一张支付天源公司货款，签发转账支票支付安达运输公司的运输费。

（6）9 日，购置生产用机器设备一台，发票上注明的价款为 60 000 元，增值税为 10 200 元，设备已投入使用，款项以转账支票付讫。

（7）10 日，出售旧厂房一幢，共得价款 600 000 元，营业税税率为 5%，价款收存银行。

（8）12 日，企业出售一项商标权，增值税专用发票注明价格 200 000 元，增值税为 12 000 元。该商标权账面原值 250 000 元，计提累计摊销为 100 000 元，价款收存银行，出售商标权已办妥手续。

（9）13 日，支付审计费，增值税专用发票注明，审计费为 5 000 元，增值税为 300 元。款项以转账支票付讫。

（10）15 日，销售产品一批，价款为 2 000 000 元，增值税为 340 000 元，开出增值税专用发票并将款项收存银行。

（11）16 日，在建工程（厂房建造）领用生产用原材料一批，价款为 8 000 元，增值税为 1 360 元。

（12）20 日，向 H 公司投资转出产品一批。专用发票注明：价款为 70 000 元，增值税为 11 900 元。

（13）28 日，购入小轿车一辆，专用发票注明买价 200 000 元，增值税 34 000 元；另支付车辆购置税 20 000 元、车船税 100 元、保险费 5 600 元，办理行驶证等工本费 300 元。款项以转账支票付讫。

（14）30 日，计算本月应交增值税并结转至"未交增值税"科目。

（15）30 日，计算结转应交城市维护建设税（7%）、应交教育费附加（2%）、应交地方教育费附加（3%）。

【实训要求】根据以上资料进行会计处理。

任务五　确认、记录其他流动负债

一、单项选择题（只有一个备选答案是正确的，请将其代号填入括号中）

1. 下列项目中，属于其他应付款核算范围的有（　　）。

　A. 职工未按期领取的工资　　　　B. 应付经营租入固定资产租金

　C. 应付的客户存入保证金　　　　D. 应付的社会保险费

2. 企业收取包装物押金及其他暂收款项时，应贷记（　　）科目。

　A. "营业外收入"　　　　　　　　B. "其他业务收入"

　C. "其他应付款"　　　　　　　　D. "其他应收款"

二、判断题（正确的打"√"，错误的打"×"）

1. 董事会通过的拟分配现金股利和股票股利，应通过"利润分配"科目核算。（　　）

2. 企业股东大会通过的利润分配方案中拟分配的现金股利和利润，企业是不需要进行账务处理的。（　　）

3. 企业宣告发放的现金股利和股票股利，均应通过"应付股利"科目核算。（　　）

三、综合实训

【实训目的】练习其他流动负债业务的操作。

【实训资料】徐州纺织机械公司 2014 年初未分配利润 200 万元，2014 年 4 月 18 日，召开股东代表大会决定：按净利润的 10%提取法定盈余公积金；向股东分配现金股利 120 万元。

【实训要求】根据以上资料进行会计处理。

任务六　确认、记录非流动负债

一、单项选择题（只有一个备选答案是正确的，请将其代号填入括号中）

1. 如果企业的长期借款属于筹建期间，且不符合资本化条件，则其利息费用应计入的科目是（　　）。

　A. "管理费用"　　　　　　　　　B. "长期待摊费用"

　C. "财务费用"　　　　　　　　　D. "在建工程"

2. 下列应付利息支出中，应予以资本化的是（　　　　）。

    A. 为生产经营活动而发生的长期借款利息

    B. 短期借款利息

    C. 可直接归属于符合资本化条件的资产的购建或者生产的借款利息

    D. 清算期间发生的长期借款利息

3. 某工业企业 2013 年 1 月 1 日向银行借入 1 000 万元，借款利率为 8%，借款期限为 3 年，每年年末偿还借款利息。该企业用该项借款建造厂房，厂房于 2014 年 3 月 31 日完工，并办理了竣工结算手续，则应资本化的借款费用为（　　　　）万元。

    A. 100   B. 240

    C. 120   D. 240

二、多项选择题（每题有两个或两个以上的答案，请将正确选项的代号填入括号中）

1. 下列各项目属于长期负债的有（　　　　）。

    A. 应付债券   B. 长期借款

    C. 长期应付款   D. 应付账款

2. 下列对长期借款利息费用的处理，正确的有（　　　　）。

    A. 筹建期间不符合资本化条件的借款利息应计入管理费用

    B. 筹建期间符合资本化条件的利息费用计入相关资产的成本

    C. 生产经营期间的不符合资本化条件的借款费用计入财务费用

    D. 生产经营期间符合资本化条件的借款利息计入相关资产成本

三、判断题（正确的打"√"，错误的打"×"）

1. 长期负债是指偿还期限在一年或超过一年的一个营业周期以上的债务，所以超过一年未偿还的应付账款、短期借款等也应列为长期负债。（　　　　）

2. 企业为购建固定资产而取得专门借款所发生的长期负债费用，应予以资本化，列入固定资产购建成本。（　　　　）

3. 企业将于一年内到期的长期负债，按照规定，必须在资产负债表中作为流动负债反映。（　　　　）

四、综合实训

【实训目的】练习非流动负债业务的操作。

【实训资料】徐州纺织机械公司为新建生产线，于 2012 年 1 月 1 日向中国银行取得 3 年期借款 600 万元，款项已划存银行存款户；年利率 6%，每年年末支付借款利息，3 年期满一次还本；该企业取得借款后将其款项一次性全部投入工程，生产线于 2012 年 12 月 31 日交付使用。各年利息均于年末以存款支付，本金第三年末用银行存款偿清。

【实训要求】根据以上资料进行会计处理。

项目九 记录投入资本、核算留存收益

任务一 确认、记录企业接收的本钱

一、单项选择题（只有一个备选答案是正确的，请将其代号填入括号中）

1. 下列各项中，不属于所有者权益的是（　　）。
   A. 盈余公积　　　　　　　　　B. 递延收益
   C. 未分配利润　　　　　　　　D. 资本公积

2. 企业增资扩股时，投资者实际缴纳的出资额大于其按约定比例计算的在注册资本中所占的份额部分，应作为（　　）。
   A. 资本溢价　　　　　　　　　B. 盈余公积
   C. 营业外收入　　　　　　　　D. 实收资本

3. 小企业根据有关规定用资本公积增资，应借记"资本公积"科目，贷记（　　）科目。
   A. "实收资本"　　　　　　　B. "盈余公积"
   C. "未分配利润"　　　　　　D. "银行存款"

4. 关于实收资本，下列说法错误的是（　　）。
   A. 实收资本是指投资者按照合同协议约定投入到小企业，构成小企业注册资本的部分
   B. 实收资本在一般情况下无须偿还，可以长期周转使用
   C. 小企业根据有关规定增加注册资本，应贷记"实收资本"科目
   D. 小企业收到投资者的出资，按照在注册资本中所占的份额，贷记"实收资本"科目，按照差额，贷记"盈余公积"科目

5. 关于资本公积，下列说法错误的是（　　）。
   A. 资本公积是指小企业收到投资者出资超过其在注册资本中所占份额的部分
   B. 资本公积由全体股东享有，其形成主要来源于企业的净利润
   C. 小企业的资本公积不得用于弥补亏损
   D. 小企业根据有关规定用资本公积转增资本，借记"资本公积"科目，贷记"实收资本"科目

二、多项选择题（每题有两个或两个以上的答案，请将正确选项的代号填入括号中）

1. 企业实收资本增加的途径主要有（　　　）。
   A. 投资者投入
   B. 盈余公积转增
   C. 资本公积转增
   D. 银行借入

2. 企业吸收投资者出资时，下列会计科目的余额可能发生变化的有（　　　）。
   A. "实收资本"
   B. "资本公积"
   C. "盈余公积"
   D. "利润分配"

3. 下列各项中，不会引起所有者权益总额发生增减变动的是（　　　）。
   A. 以盈余公积弥补亏损
   B. 将债务转为资本
   C. 提取法定盈余公积
   D. 以盈余公积转增资本

4. 所有者权益的来源包括（　　　）。
   A. 投资者投入企业的资本
   B. 投资者投入企业的资本超过注册资本中所占份额的部分
   C. 小企业按照法律规定在税后利润中提取的法定公积金和任意公积金
   D. 未分配利润

5. 甲公司收到乙公司作为资本投入的原材料一批，该原材料成本为 100 万元，公允价值 200 万元，适用的增值税税率为 17%。甲公司在入账时，下列说法中不正确的有（　　　）。
   A. 甲公司应按 100 万元来确定乙公司在注册资本中享有的份额
   B. 甲公司应按 200 万元来确定乙公司在注册资本中享有的份额
   C. 甲公司应按 200 万元来确定原材料的入账金额，按 234 万元来确定乙公司在注册资本中享有的份额
   D. 甲公司应按 200 万元来确定原材料的入账金额，按 100 万元来确定乙公司在注册资本中享有的份额

三、判断题（正确的打"√"，错误的打"×"）

1. 企业接受投资者以非现金资产投资时，应按该资产的账面价值入账。（　　　）
2. 资本公积经批准后可用于派发股利。（　　　）
3. 企业接受的机器设备投资，其增值税额不能计入实收资本。（　　　）
4. 根据规定，全体股东的货币出资金额不得低于有限责任公司注册资本的 25%。（　　　）
5. 支付已宣告的现金股利时所有者权益不变。（　　　）
6. 当小企业的投资者投入的资本高于其在注册资本中所占的份额时，应将高出部分计入营业外收入。（　　　）
7. 对于一个企业来说，投资者投入的资金，并不全部构成实收资本。（　　　）

四、综合实训

1.【实训目的】练习接受投资业务的操作。

【实训资料】如图 9-1、图 9-2、图 9-3 所示。

投资协议书（摘要）

投资单位：无锡中兴投资有限公司

被投资单位：江苏环宇公司

经双方协商，江苏环宇公司同意接受无锡中兴投资有限公司以生产流水线进行投资，该生产流水线价值为 1 000 万元，享有江苏环宇公司注册资本的 20%的股权。每年按此比例分配江苏环宇公司的净利润。

投资人（签章）：无锡中兴投资有限公司　　　　接受投资人（签章）：江苏环宇公司

2013 年 12 月 14 日　　　　　　　　　　　　2013 年 12 月 14 日

图 9-1　投资协议书（摘要）

江苏省增值税专用发票

开票日期：2013 年 12 月 15 日　　　　　　　No 2347810

| 购货单位 | 名　　　称：江苏环宇公司
纳税人识别号：320103001119928
地 址、电 话：徐州市建国路 180 号
开户银行及账号：中行徐州分行 740108320311 | 密码区 |

货物或应税劳务名称	规格型号	单位	数量	单价	金额	税率	税额
生产流水线		套	1	10 000 000	10 000 000	17%	1 700 000
合　　计					10 000 000		1 700 000

| 价税合计（大写） | 壹仟壹佰柒拾万元整　　　　　（小写）￥11 700 000.00 |

| 销货单位 | 名　　　称：无锡中兴投资有限公司
纳税人识别号：543210987654321
地 址、电 话：无锡市贡湖大道 229 号
开户银行及账号：工商银行城南支行 9988877878 | 备注 |

收款人：张桦　　复核：周燕　　　　开票人：朱玲　　销货单位：（章）

图 9-2　增值税发票（发票联）

（抵扣联略）

固定资产验收单

2013 年 12 月 15 日　　　　　　　　　　　　　编号 8

名称	规格型号	来源	数量	购（造）价	使用年限	预计残值
生产流水线		投入	1	10 000 000	10	50 000.00
安装费	月折旧率	建造单位		交工日期	附件	
				2013 年 12 月 15 日		
验收部门	仓库	验收人员	刘丽	管理部门	车间	管理人员	倪亮
备注		该固定资产为无锡中兴投资有限公司投入。					

图 9-3　固定资产验收单

【实训要求】根据以上资料进行会计处理。

2. 【实训目的】练习接受投资业务的操作。

【实训资料】江苏环宇公司原由投资者 A 和投资者 B 共同出资成立，每人出资 20 万元，各占 50% 的股份。经营 2 年后，投资者 A 和投资者 B 决定增加公司资本，此时有一新的投资者 C 要求加入公司，经有关部门批准后，江苏环宇公司实施增资，将实收资本增加到 90 万元。经三方协商，一致同意，完成下述投资后，三方投资者各拥有江苏环宇公司 30 万元实收资本，并各占 1/3 的股份，各投资者的出资情况如下。

（1）投资者 A 以一台设备投入公司作为增资，该设备原价 18 万元，已提折旧 9.5 万元，评估确认原价 18 万元，评估确认净值 12.6 万元。

（2）投资者 B 以一批原材料投入公司作为增资，该批材料账面价值 10.5 万元，评估确认价值 11 万元，税务部门认定应交增值税额为 1.87 万元。投资者 B 已开具了增值税专用发票。

（3）投资者 C 以银行存款投入公司 39 万元。

【实训要求】根据以上资料进行会计处理。

任务二　确认、记录企业的留存收益

一、单项选择题（只有一个备选答案是正确的，请将其代号填入括号中）

1. 某小企业 2013 年年初未分配利润为借方余额 12 000 元（该亏损为超过 5 年的未弥补亏损），当年净利润为 210 000 元，按 10% 的比例提取盈余公积。不考虑其他事项，该小企业 2013 年年末未分配利润为（　　）元。

　　A. 178 200　　　　　　　　　　　　B. 198 000

　　C. 209 100　　　　　　　　　　　　D. 201 000

2. 2013 年初某企业所有者权益情况如下：实收资本 300 万元，资本公积 26 万元，盈余公积 28 万元，未分配利润 59 万元，则该企业 2013 年初留存收益为（　　）万元。

    A. 32　　　　　　　　　　　　　B. 70

    C. 38　　　　　　　　　　　　　D. 87

3. 按小企业利润分配的顺序，排在第一的是（　　）。

    A. 弥补以前年度亏损　　　　　　B. 提取法定盈余公积金

    C. 提取任意盈余公积金　　　　　D. 向投资者分配利润

4. 2013 年 1 月 1 日，飞虹公司"实收资本"账户贷方余额为 690 000 元，"资本公积"账户贷方余额 70 000 元，"盈余公积"账户贷方余额为 60 000 元，"利润分配——未分配利润"账户贷方余额为 120 000 元。2013 年度，飞虹公司用资本公积 20 000 元转增资本，实现净利润 850 000 元，提取盈余公积 85 000 元，向投资者分配利润 70 000 元。2013 年 12 月 31 日，飞虹公司所有者权益总额应为（　　）元。

    A. 1 615 000　　　　　　　　　　B. 835 000

    C. 1 720 000　　　　　　　　　　D. 870 000

5. 关于盈余公积，下列说法错误的是（　　）。

    A. 盈余公积是指小企业按照法律规定在税后利润中提取的法定公积金和任意公积金

    B. 小企业（外商投资）按照法律规定在税后利润中提取储备基金、企业发展基金和职工奖励及福利基金通过"盈余公积"科目核算

    C. 小企业用盈余公积弥补亏损或转增资本，应当冲减盈余公积

    D. 小企业的盈余公积可以用于扩大生产经营

6. 企业用当年实现的利润弥补补亏损时，应作的会计处理是（　　）。

    A. 借记"本年利润"科目，贷记"利润分配——未分配利润"科目

    B. 借记"利润分配——未分配利润"科目，贷记"本年利润"科目

    C. 借记"利润分配——未分配利润"科目，贷记"利润分配——未分配利润"科目

    D. 无须专门作账务处理

7. 某小企业年初未分配利润为贷方 36 万元，本年实现净利润 160 万元，本年提取法定盈余公积 16 万元，向投资者发放现金股利 25 万元。该企业年末未分配利润贷方余额为（　　）万元。

    A. 119　　　　　　　　　　　　　B. 155

    C. 102　　　　　　　　　　　　　D. 77

二、多项选择题（每题有两个或两个以上的答案，请将正确选项的代号填入括号中）

1. 企业发生亏损时，下列各项，（　　）是弥补亏损的渠道。

    A. 以盈余公积弥补亏损　　　　　B. 以资本公积弥补亏损

    C. 用以后 5 年税前利润弥补　　　D. 用 5 年后的税后利润弥补

2. 下列各项中，能够引起企业留存收益总额发生变动的有（　　）。

    A. 本年度实现的净利润　　　　　B. 提取法定盈余公积

    C. 向投资者宣告分配现金股利   D. 用盈余公积转增资本

3. 关于留存收益，下列说法正确的是（　　　　）。

    A. 留存收益包括资本公积和未分配利润

    B. 盈余公积科目应当分"法定盈余公积"、"任意盈余公积"进行明细核算

    C. 未分配的利润是留存在本企业的、历年结存的利润

    D. 年末"利润分配——盈余公积补亏"明细科目的余额应转入"利润分配——未分配利润"

4. 下列各项，构成企业留存收益的有（　　　　）。

    A. 资本溢价   B. 法定盈余公积

    C. 任意盈余公积   D. 未分配利润

5. 下列各项中，会导致留存收益总额发生增减变动的是（　　　　）。

    A. 资本公积转增资本   B. 盈余公积补亏

    C. 盈余公积转增资本   D. 以当年净利润弥补以前年度亏损

三、判断题（正确的打"√"，错误的打"×"）

1. 年度终了，除"未分配利润"明细科目外，"利润分配"科目下的其他明细科目应当无余额。（　　　　）

2. 企业用当年实现的利润弥补亏损时，应单独做出相应的会计处理。（　　　　）

3. 未分配利润是小企业尚未分配或待以后年度分配的利润或待以后年度弥补的亏损。（　　　　）

4. 企业本年的利润分配完毕之后，"利润分配"科目应无余额。（　　　　）

5. 企业以盈余公积向投资者分配现金股利，不会引起留存收益总额的变动。（　　　　）

6. 用盈余公积转增资本不影响所有者权益的变化，但会使企业净资产减少。（　　　　）

四、综合实训

1.【实训目的】练习留存收益业务的操作。

【实训资料】江苏环宇公司公司 2013 发生下列留存收益的业务。

（1）江苏环宇公司 2013 年税后利润为 1 800 000 元，公司董事会决定按 10%提取法定盈余公积，15%提取任意盈余公积，分派现金股利 500 000 元（其盈余公积未达到注册资本的50%）

（2）2013 年江苏环宇公司现有股东情况如下：A 公司占 25%，B 公司占 30%，C 公司占10%，D 公司占 5%，其他占 30%。经公司股东大会决议，以盈余公积 500 000 元转增资本，并已办妥转增手续。

（3）2013 年江苏环宇公司亏损 100 000 元，决议用盈余公积补亏。

【实训要求】根据以上资料进行会计处理。

2.【实训目的】练习留存收益业务的操作。

【实训资料】江苏环宇公司 2013 年"未分配利润"年初贷方余额为 100 万元，按 10%提取法定盈余公积金，所得税率 25%，2013 年至 2015 年的有关资料如下。

（1）2013 年实现净利 200 万元；提取法定盈余公积后，宣告派发现金股利 150 万元。

（2）2014 年发生亏损 500 万元（假设无以前年度未弥补亏损）。

（3）2015 年实现利润总额 600 万元。

【实训要求】

（1）编制 2013 年有关利润分配的会计分录（盈余公积及利润分配的核算写明明细科目）；

（2）编制 2014 年结转亏损的会计分录；

（3）计算 2015 年应交的所得税；

（4）计算 2015 年年末的可供分配利润。

项目十
确认收入、记录
费用、结转利润

任务一　确认、记录企业的收入

一、单项选择题（只有一个备选答案是正确的，请将其代号填入括号中）

1. 按照规定，下列业务中应确认为当月主营业务收入的有（　　）。

　　A. 5月8日销售多余的原材料一批，价款100 000元，款已收到并存入银行

　　B. 5月2日销售产品一批，价款50 000元，但购货单位的财务状况已经恶化，估计收回的可能性很小

　　C. 5月10日销售产品一批，价款100 000元，收到购货单位交来的银行汇票一张

　　D. 5月16日出售设备一台，价款20 000元，款项尚未收到

2. 企业年末结账后，一定无余额的账户是（　　）。

　　A. "主营业务收入"　　　　　　　　B. "生产成本"

　　C. "固定资产"　　　　　　　　　　D. "原材料"

3. 企业销售甲产品1 000件，商品的标价为每件100元，为了促销，给予对方单位10%的商业折扣，付款条件为"2/10, 1/20, N/30"，在总价法下，应收账款的入账金额为（　　）。

　　A. 90 000　　　　　　　　　　　　B. 98 000

　　C. 99 000　　　　　　　　　　　　D. 100 000

4. 下列业务中不属于"其他业务收入"核算的有（　　）。

　　A. 出租固定资产收入　　　　　　　B. 销售材料收入

　　C. 随同商品出售并单独计价的包装物收入　　D. 销售商品收入

5. 某企业2013年9月出售的产品由于质量问题被退回，退回时应冲减的销售收入应在退回当期记入（　　）。

　　A. 以前年度损益调整　　　　　　　B. 营业外收入

　　C. 主营业务收入　　　　　　　　　D. 营业外支出

6. 某工业企业销售产品每件220元，若客户购买100件（含100件）以上，每件可得到20元的商业折扣。某客户2013年12月10日购买该企业产品100件，按规定现金折扣条件为"2/10，1/20，N/30"。适用的增值税率为17%。该企业于12月26日收到该笔款项时，应给予客户的现金折扣为（　　）元。假定计算现金折扣时不考虑增值税。

A. 200

B. 0

C. 234

D. 220

7. 甲企业采用预收账款的方式销售一批产品给乙企业，2013 年 10 月 4 日收到预收款，2013 年 10 月 10 日发出商品，2013 年 10 月 15 日乙企业收到商品，2013 年 11 月 5 日收到剩余的货款，则甲企业确认收入实现的时间是（　　　）。

A. 2013 年 10 月 4 日

B. 2013 年 10 月 10 日

C. 2013 年 10 月 15 日

D. 2013 年 11 月 5 日

8. 购货企业发生的现金折扣应为（　　　）。

A. 减少财务费用

B. 增加财务费用

C. 减少采购成本

D. 增加采购成本

9. 企业收到出售固定资产的收入应计入（　　　）。

A. 主营业务收入

B. 其他业务收入

C. 投资收益

D. 营业外收入

10. 企业销售商品时代垫的运杂费应记入（　　　）科目。

A. 应付账款

B. 预付账款

C. 其他应收款

D. 应收账款

11. 某企业于 2013 年 9 月接受一项产品安装任务，安装期 5 个月，合同总收入 300 000 元，年度预收款项 120 000 元，余款在安装完成时收回，当年实际发生成本 150 000 元，预计还将发生成本 100 000 元。该项劳务 2013 年度应确认的劳务收入为（　　　）万元。

A. 300 000

B. 180 000

C. 150 000

D. 120 000

二、多项选择题（每题有两个或两个以上的答案，请将正确选项的代号填入括号中）

1. 企业日常经营活动中取得的收入包括（　　　）。

A. 销售商品的收入

B. 提供劳务的收入

C. 出租固定资产的收入

D. 出售固定资产的收入

2. 下列各项中，属于其他业务收入的是（　　　）。

A. 出售材料取得的收入

B. 出售固定资产取得的收入

C. 出租设备取得的收入

D. 出租包装物取得的收入

三、判断题（正确的打"√"，错误的打"×"）

1. 固定资产的出租和固定资产出售的收入均应列为其他业务收入。（　　　）

2. 商业折扣在销售时已经确定，并不构成成交价的一部分。所以应当按照扣除商业折扣后的净额确定销售商品收入的金额。（　　　）

3. 现金折扣是指债权人为鼓励债务人在规定的期限内付款而向债务人提供的债务扣除。（　　　）

4. 企业为客户提供的现金折扣应在实际发生时冲减当期收入。（　　　）

5. 企业出售原材料取得的款项扣除其成本及相关费用后的净额，应当计入营业外收入

或营业外支出。（　　　）

6. 企业劳务的开始和完成分属于不同的会计期间，且在资产负债表日提供劳务交易的结果能够可靠估计的，应采用完工百分比法确认劳务收入。（　　　）

四、综合实训

1.【实训目的】掌握收入的相关业务。

【实训资料】江苏环宇公司 2013 年 12 月发生如下经济业务。

（1）12 月 4 日，向天津市铸压机厂销售乙产品，款项尚未收到，有关单据如图 10-1、图 10-2 所示。

江苏省增值税专用发票

开票日期：2013 年 12 月 4 日　　　　　　No 004894499

购货单位	名　　　称：天津市铸压机厂 纳税人识别号：330422100212563 地址、电话：华东路 18 号 83217609 开户银行及账号：建设银行华东办事处 　　　　　　　265801-2123				密 码 区			
货物或应税劳务名称	规格型号	单位	数量	单价	金额	税率	税额
乙产品		台	5	80 000	400 000	17%	68 000
合　　计					400 000		68 000
价税合计（大写）	肆拾陆万捌仟元整			（小写）￥468 000.00			
销货单位	名　　　称：江苏环宇公司 纳税人识别号：320103001119928 地址、电话：徐州市建国路 180 号 开户银行及账号：中国银行徐州开发区支行 740108320311				备 注			

收款人：刘红　　　　复核：王露　　　　　　开票人：王世　　　　销货单位：（章）

第三联：记账联

图 10-1　增值税专用发票（记账联）

库存商品出库单

用途：销售　　　　　　2013 年 12 月 4 日　　　　　　产成品库：002

产品名称	型号规格	计量单位	数量	单位成本	总成本
乙产品		台	5	55 000	275 000

记账：张晓　　　　保管：　　　　主管：方泊　　　　经办：

图 10-2　库存商品出库单

（2）12 月 8 日，收到天津市铸压机厂转账支票，因其在 10 天之内付款，给予 2% 的现金折扣，如图 10-3、图 10-4 所示。

销货折扣审批单

购买单位：天津市铸压机厂

收货地址：天津市华东路 18 号　　2013 年 12 月 8 日

客户分类：临时客户　　现金折扣条件：2/10，1/20，*N*/40　　金额单位：元

产品名称	销货时间	收款时间	应收金额	折扣率（%）	实收金额
乙产品	2013.12.4	2013.12.8	471 000	2	461 580

图 10-3　销货折扣审批单

中国银行　进账单（收账通知或回单）

2013 年 12 月 8 日

出票人	全称	天津市铸压机厂	收款人	全称	江苏环宇公司										
	账号	265801-2123		账号	740108320311										
	开户银行	工商银行正东办事处		开户银行	中国银行徐州开发区支行	千	百	十	万	千	百	十	元	角	分
人民币（大写）肆拾陆万壹仟伍佰捌拾元整							￥	4	6	1	5	8	0	0	0

票据种类	转账支票	票据张数	1	收款单位开户行盖章
票据号码				

复核　　记账

此联是回单

图 10-4　进账单

【实训要求】根据以上资料进行会计处理。

2. 【实训目的】掌握销售折扣、销售折让、销售退回的相关业务处理。

【实训资料】江苏环宇公司 2013 年 12 月发生如下经济业务。

（1）12 月 2 日，向乙公司销售 A 商品 1 600 件，标价总额为 800 万元（不含增值税），商品实际成本为 480 万元。为了促销，给予乙公司 15% 的商业折扣并开具了增值税专用发票。江苏环宇公司已发出商品，并向银行办理了托收手续。

（2）12 月 10 日，因部分 A 商品的规格与合同不符，乙公司退回 A 商品 800 件。当日，江苏环宇公司按规定向乙公司开具增值税专用发票（红字），销售退回允许扣减当期增值税销项税额，退回商品已验收入库。

（3）12 月 15 日，江苏环宇公司将部分退回的 A 商品作为福利发放给本公司职工，其中生产工人 500 件，行政管理人员 40 件，专设销售机构人员 60 件，该商品每件市场价格为 0.4

万元（与计税价格一致），实际成本 0.3 万元。

（4）12 月 25 日，江苏环宇公司收到丙公司来函。来函提出，2013 年 11 月 10 日从江苏环宇公司所购 B 商品不符合合同规定的质量标准，要求江苏环宇公司在价格上给予 10%的销售折让。该商品售价为 600 万元，增值税额为 102 万元，货款已结清。经江苏环宇公司认定，同意给予折让并以银行存款退还折让款，同时开具了增值税专用发票（红字）。

【实训要求】根据以上资料进行会计处理。

3.【实训目的】掌握接受劳务收入的相关业务处理。

【实训资料】江苏环宇公司于 2013 年 12 月 1 日接受一项设备安装任务，安装期为 3 个月，合同总收入 300 000 元，至年底已预收安装费 220 000 元，实际发生安装费用 140 000 元，（假定均为安装人员薪酬），估计完成安装任务还须发生安装费用 60 000 元。假定江苏环宇公司按实际发生的成本占估计总成本的比例确定劳务的完工进度。

【实训要求】根据以上资料进行会计处理。

任务二　确认、记录企业的费用

一、单项选择题（只有一个备选答案是正确的，请将其代号填入括号中）

1. 下列各项费用中，不属于销售费用核算范围的是（　　　）。

    A. 广告费   B. 咨询费

    C. 销售过程中的运费   D. 展览费

2. 以下各项税金中，不在"管理费用"科目反映的是（　　　）。

    A. 印花税   B. 土地使用税

    C. 营业税   D. 车船使用税

3. 专设销售机构发生的办公费用，应计入（　　　）科目。

    A."营业外支出"   B."财务费用"

    C."管理费用"   D."销售费用"

4. 某企业某月销售商品发生商业折扣 20 000 元、现金折扣 15 000 元、销售折让 25 000 元。该企业上述业务计入当月财务费用的金额为（　　　）元。

    A. 15 000   B. 20 000

    C. 35 000   D. 45 000

5. 企业销售商品交纳的下列各项税费，不计入"主营业务税金及附加"科目的有（　　　）。

    A. 消费税   B. 印花税

    C. 教育费附加   D. 城市维护建设税

6. 某小企业 2013 年应交各种税金为：增值税 350 000 元，消费税 150 000 元，城市维护建设税 35 000 元，房产税 10 000 元，车船税 5 000 元，所得税 250 000 元。上述各项税金应计入管理费用的金额为（　　　）元。

A. 5 000   B. 15 000

C. 50 000   D. 185 000

二、多项选择题（每题有两个或两个以上的答案，请将正确选项的代号填入括号中）

1. 下列各项支出在发生时能直接确认为当期费用的是（   ）。

    A. 广告费支出   B. 固定资产安装人员工资

    C. 管理部门设备维修费   D. 专设销售机构人员的工资

2. 下列各项中，应计入管理费用的是（   ）。

    A. 车间设备维修费   B. 业务招待费

    C. 广告费   D. 行政管理部门人员工资

3. 下列各项中，不应计入管理费用的有（   ）。

    A. 总部办公楼折旧

    B. 生产设备改良支出（符合资本化条件）

    C. 经营租出专用设备的修理费（不符合资本化条件）

    D. 专设销售机构房屋的修理费（不符合资本化条件）

4. 下列各项中，应计入财务费用的有（   ）。

    A. 企业发行股票支付的手续费

    B. 企业支付的银行承兑汇票手续费

    C. 企业购买商品时取得的现金折扣

    D. 企业销售商品时发生的现金折扣

三、判断题（正确的打"√"，错误的打"×"）

1. 企业为组织生产经营活动而发生的一切管理活动费用，包括车间管理费用和公司管理费用，都应作为期间费用处理。（   ）

2. 企业出售固定资产应交的营业税，应列入利润表的"营业税金及附加"项目。（   ）

3. 车间管理人员的工资不属于直接费用，因而不能计入产品成本，而应计入期间费用。（   ）

4. 小企业向银行或其他金融机构借入的各种款项所发生的利息均应计入"财务费用"。（   ）

四、综合实训

【实训目的】掌握费用相关业务的账务处理。

【实训资料】江苏环宇公司 2013 年 12 月发生如下经济业务。

（1）支付广告费，如图 10-5、图 10-6 所示。

（2）江苏环宇公司 2013 年 12 月按计算确定的应交房产税为 5 000 元，应交车船使用税为 4 300 元，应交土地使用税为 5 200 元。

【实训要求】根据以上资料进行会计处理。

中国银行

转账支票存根

支票号码：No.20003603

附加信息 _____

_____

_____

_____

出票日期 2013 年 12 月 14 日

收款人：常州新业广告公司
金 额：￥20 000.00
用 途：广告费

单位主管 方泊 会计 马红

图 10-5 转账支票存根

常州市广告业专用发票

收款单位：常州新业广告公司　　　　　　发票代码（略）

付款单位（个人）：江苏环宇公司　　　　发票号码 900009877

　　　　　　　　　　　　　　　　　　　机打票号 900009877

经营项目	单位	数量	单价	金 额
广告费				20 000.00
合计（大写）贰万元整			（小写）￥20 000.00	

机器编号　　　开票人　张琴　　　　开票日期：2013 年 12 月 14 日

税控码　　　　　　　　　　　　　　电话（略）

收款单位（盖章有效）　　　　　　　机打发票 手写无效

二：发票联

图 10-6 广告专用发票

任务三　结转利润、分配利润

一、单项选择题（只有一个备选答案是正确的，请将其代号填入括号中）

1. 如果企业当年发生亏损，则结转"本年利润"账户时应做的会计分录是（　　　）。

　A. 不做账务处理

　B. 借：本年利润

　　　贷：利润分配——未分配利润

   C.　借：利润分配——未分配利润

       贷：本年利润

   D.　借：营业外支出

       贷：本年利润

2.　从利润中形成的所有者权益有（　　　）。

   A.　实收资本　　　　　　　　　　B.　资本公积

   C.　留存收益　　　　　　　　　　D.　主营业务收入

3.　下列属于企业提取盈余公积的会计处理是（　　　）。

   A.　借：利润分配

       贷：盈余公积

   B.　借：盈余公积

       贷：利润分配

   C.　借：本年利润

       贷：盈余公积

   D.　借：资本公积

       贷：盈余公积

4.　年末结账后，"利润分配"账户的借方余额表示（　　　）。

   A.　累计未分配的利润　　　　　　B.　累计为弥补的亏损

   C.　利润的分配额　　　　　　　　D.　利润的实现额

5.　下列各项中，应作为营业外支出的是（　　　）。

   A.　无法收回的应收账款　　　　　B.　销售人员的工资

   C.　车间设备维修费　　　　　　　D.　对外捐赠支出

6.　某企业 2013 年度利润总额为 3 150 000 元；经查，国债利息收入为 150 000 元；违约罚款 100 000 元。假定该企业无其他纳税调整项目，适用的所得税税率为 25%。该企业 2013 年所得税费用为（　　　）元。

   A.　750 000　　　　　　　　　　B.　775 000

   C.　785 000　　　　　　　　　　D.　815 000

二、多项选择题（每题有两个或两个以上的答案，请将正确选项的代号填入括号中）

1.　下列各项目的余额，期末结转到"本年利润"科目的有（　　　）。

   A.　营业外收入　　　　　　　　　B.　制造费用

   C.　销售费用　　　　　　　　　　D.　主营业务税金及附加

2.　下列项目中，属于营业外收入的是（　　　）。

   A.　罚款收入　　　　　　　　　　B.　出租固定资产收入

   C.　出售固定资产收入　　　　　　D.　捐赠收入

3.　下列各项中，能影响营业利润的有（　　　）。

   A.　主营业务收入　　　　　　　　B.　财务费用

C. 销售费用　　　　　　　　　　　D. 营业外收入

4. 企业利润分配包括（　　）。

A. 提取盈余公积　　　　　　　　　B. 弥补以前年度亏损

C. 交纳所得税　　　　　　　　　　D. 向投资者分配利润

5. 下列各项，影响当期利润表中利润总额的有（　　）。

A. 现金盘盈　　　　　　　　　　　B. 确认所得税费用

C. 对外捐赠固定资产　　　　　　　D. 固定资产出售利得

三、判断题（正确的打"√"，错误的打"×"）

1. 资本公积的形成与企业净利润无关。（　　）

2. 年度终了，除"未分配利润"明细科目外，"利润分配"科目下的其他明细科目应当无余额。（　　）

3. 年度终了，只有在企业盈利的情况下，才应将"本年利润"科目的本年累计余额转入"利润分配——未分配利润"科目。（　　）

4. 未分配利润的含义是留待以后年度处理的利润，所以它是未指定用途的利润。（　　）

5. 企业的所得税一定等于企业的利润总额乘以所得税税率。（　　）

四、综合实训

1.【实训目的】掌握营业外收入相关业务的账务处理。

【实训资料】江苏环宇公司 2013 年 12 月 28 日收到车间工人王明罚款 1 000 元，如图 10-7、图 10-8 所示。

罚款通知单

财务科：

　　生产车间工人王明，无故旷工　　天，为严肃公司纪律，以防类似事件再次发生，经经理办公会研究决定，罚款壹仟元，交到你科，请查收！

经理办公室

2013 年 12 月 28 日

图 10-7　罚款通知单

收款收据

2013 年 12 月 28 日

今收到　生产车间王明交来

人民币　壹仟元整　　　　　￥1 000.00

事由：　罚款

现金收讫

经手人：刘红

图 10-8　收据

【**实训要求**】根据以上资料进行会计处理。

2.【**实训目的**】掌握所得税业务的账务处理。

【**实训资料**】江苏环宇公司 2013 年度按企业会计准则计算的税前会计利润为 19 700 000 元，所得税税率为 25%。当年非公益性支出 200 000 元；经查，江苏环宇公司当年营业外支出中有 100 000 元为税款滞纳罚金。假定江苏环宇公司全年无其他纳税调整因素。计算江苏环宇公司 2013 年应纳税所得额、应交所得税额。

【**实训要求**】编制计算并结转所得税会计分录。

3.【**实训目的**】掌握利润的计算。

【**实训资料**】江苏环宇公司 2013 年 12 月份发生如下相关业务。

（1）12 月 4 日销售商品一批，按商品标价计算的金额为 200 000 元，由于是成批销售，江苏环宇公司给予客户 10%的商业折扣，并开具了增值税专用发票，款项尚未收回。该批商品实际成本为 150 000 元。

（2）12 月 6 日向本公司行政管理人员发放自产产品作为福利，该批产品的实际成本为 80 000 元，市场售价为 100 000 元。

（3）12 月 10 日销售原材料一批，增值税专用发票注明售价 80 000 元，款项收到并存入银行。该批材料的实际成本为 59 000 元。

（4）12 月 15 日经批准予以转销确实无法支付的应付账款 20 000 元。

（5）12 月 20 日 B 公司来函提出本月购买的产品中，有 80 000 元的甲产品质量不完全合格，要求在价格上给予 20 000 元的折让，经查明，符合原合同约定，同意 B 公司的要求，并办理退款手续和开具红字增值税发票，款项已通过银行存款支付。

（6）12 月 25 日以银行存款支付管理费用 20 000 元。

（7）12 月 30 日支付行政罚款 10 000 元。

（8）12 月 31 日计提短期借款利息 40 000 元。

（9）12 月 31 日计算销售产品应交的城市维护建设税 14 000 元，应交的教育费附加 6 000 元。

【**实训要求**】计算江苏环宇公司 12 月的营业收入、营业成本、营业利润、利润总额。

4.【**实训目的**】掌握利润分配的账务处理。

【**实训资料**】江苏环宇公司 2013 年全年实现净利润 120 万元，无年初未分配利润。

（1）将本年实现的净利润转入"利润分配"账户。

（2）决定向投资者分配利润 45 万元。

（3）按净利润的 20%提取盈余公积。

（4）将有关利润分配的明细账进行结转。

【**实训要求**】根据以上资料进行会计处理。

项目十一 编制会计报表、呈现经营状况

任务一 编制资产负债表

一、单项选择题（只有一个备选答案是正确的，请将其代号填入括号中）

1. "预付账款"科目明细账中，若有贷方余额，应将其计入资产负债表中的（   ）项目。

   A. "应收账款"　　　　　　　　　　B. "预收账款"

   C. "应付账款"　　　　　　　　　　D. "其他应付款"

2. 资产负债表是反映企业某一特定日期（   ）的会计报表。

   A. 权益变动情况　　　　　　　　　B. 财务状况

   C. 经营成果　　　　　　　　　　　D. 现金流量

3. 资产负债表中的资产项目是按资产的（   ）大小顺序排列的。

   A. 流动性　　　　　　　　　　　　B. 重要性

   C. 变动性　　　　　　　　　　　　D. 盈利性

4. 资产负债表是根据（   ）这一会计等式编制的。

   A. 收入−费用=利润

   B. 现金流入−现金流出=现金净流量

   C. 资产+费用=负债+所有者权益+收入

   D. 资产=负债+所有者权益

5. 某企业"应付账款"科目月末贷方余额 40 000 元，其中："应付甲公司账款"明细科目贷方余额 35 000 元，"应付乙公司账款"明细科目贷方余额 5 000 元；"预付账款"科目月末贷方余额 30 000 元，其中："预付 A 工厂账款"明细科目贷方余额 50 000 元，"预付 B 工厂账款"明细科目借方余额 20 000 元。该企业月末资产负债表中"应付账款"项目的金额为（   ）元。

   A. 90 000　　　　　　　　　　　　B. 30 000

   C. 40 000　　　　　　　　　　　　D. 70 000、

6. 资产负债表中各个项目（   ）。

   A. 都可以按账户余额直接填列

B. 必须对账户发生额进行分析计算才能填列

C. 大多数项目可以直接根据账户余额填列，少数报表项目需要根据账户发生额分析计算后才能填列

D. 大多数项目可以直接根据账户余额填列，少数报表项目需要根据账户余额分析计算后才能填列

7. 资产负债表填列的依据是（　　　）。

　　A. 总账各账户的余额

　　B. 总账各账户本期发生额

　　C. 有关总账各账户余额和某些明细账的余额

　　D. 总账发生额和明细账发生额

二、多项选择题（每题有两个或两个以上的答案，请将正确选项的代号填入括号中）

1. 资产负债表中"存货"项目的金额，应根据（　　　）账户的余额分析填列。

　　A. "材料采购"　　　　　　　　　　B. "库存现金"

　　C. "发出商品"　　　　　　　　　　D. "生产成本"

2. 资产负债表中下列项目，可根据总账余额直接填列的有（　　　）。

　　A. 交易性金融资产　　　　　　　　B. 短期借款

　　C. 应收账款　　　　　　　　　　　D. 长期借款

三、判断题（正确的打"√"，错误的打"×"）

1. 资产负债表是反映企业在某一特定日期的财务状况的报表。（　　　）

2. 企业年末资产负债表中的未分配利润的金额应等于"利润分配"科目的年末余额。（　　　）

3. 资产负债表是动态报表。（　　　）

4. 资产负债表是总括反映企业特定日期资产、负债和所有者权益情况的动态报表，通过它可以了解企业资产来源构成和承担的债务及资金的流动性和偿债能力。（　　　）

5. 资产负债表是反映企业在某一特定期间财务状况的报表。（　　　）

四、综合实训

【实训目的】掌握固定资产增加业务的账务处理。

【实训资料】江苏环宇公司 2013 年 12 月 31 日有关账户余额如表 11-1 所示。

表 11-1　　　　　　　　　　　　　　有关账户余额表　　　　　　　　　　　　单位：元

账　户	借方余额	贷方余额
在途物资	8 000	
原材料	15 000	
库存商品	25 000	
生产成本	7 000	
坏账准备——应收账款		4 400

账　　户	借方余额	贷方余额
应收账款	20 000	
其中：甲公司	30 000	
乙公司		10 000
应付账款		30 000
其中：丙公司	20 000	
丁公司		50 000
固定资产	58 400	
累计折旧		4 680
应付职工薪酬	10 000	
本年利润		100 000
利润分配	60 000	

【实训要求】根据上述资料计算该公司月末资产负债表中下列项目的金额（须列出计算过程）。

（1）存货。

（2）应收账款。

（3）预付款项。

（4）应付账款。

（5）预收款项。

（6）固定资产。

（7）应付职工薪酬。

（8）未分配利润。

任务二　编制利润表

一、单项选择题（只有一个备选答案是正确的，请将其代号填入括号中）

1. 反映企业一定会计期间的经营成果，分析企业获利能力的报表是（　　　）。

  A. 资产负债表   B. 利润表

  C. 现金流量表   D. 所有者权益变动表

2. 利润表中，只需要根据有关科目的借方发生额填列的项目是（　　　）。

  A. 主营业务税金及附加   B. 主营业务利润

C. 其他业务收入　　　　　　　　D. 营业外收入

3. 企业当期应交纳的增值税为 54 000 元，当期交纳的消费税、营业税、资源税、城建税和教育费附加分别为 5 000 元、600 元、8 500 元、6 810 元，则反映在利润表上的主营业务税金及附加项目的数额应为（　　　）元。

    A. 74 910　　　　　　　　　　　B. 20 910

    C. 14 100　　　　　　　　　　　D. 54 000

4. 某企业 2013 年 2 月主营业务收入为 1 000 000 元，主营业务成本为 800 000 元，管理费用为 50 000 元，资产减值损失为 20 000 元，投资收益为 100 000 元。假定不考虑其他因素，该企业当月的营业利润为（　　　）元。

    A. 130 000　　　　　　　　　　B. 150 000

    C. 180 000　　　　　　　　　　D. 230 000

二、多项选择题（每题有两个或两个以上的答案，请将正确选项的代号填入括号中）

1. 利润表中的"营业收入"项目包括（　　　）。

    A. 主营业务收入　　　　　　　　B. 其他业务收入

    C. 营业外收入　　　　　　　　　D. 投资收益

2. 下列事项中，能引起企业的"营业利润"增加的是（　　　）。

    A. 其他业务收入的增加　　　　　B. 管理费用的增加

    C. 销售费用的减少　　　　　　　D. 所得税费用的减少

3. 下列各项影响利润表中的"营业利润"项目的包括（　　　）。

    A. 主营业务收入　　　　　　　　B. 资产减值损失

    C. 管理费用　　　　　　　　　　D. 公允价值变动损益

4. 下列各项中，影响企业营业利润的有（　　　）。

    A. 处置无形资产净收益　　　　　B. 出租包装物取得的收入

    C. 接受公益性捐赠利得　　　　　D. 经营租出固定资产的折旧额

5. 下列各项，影响当期利润表中利润总额的有（　　　）。

    A. 固定资产盘亏　　　　　　　　B. 确认所得税费用

    C. 对外捐赠固定资产　　　　　　D. 无形资产出售利得

三、判断题（正确的打"√"，错误的打"×"）

1. 通过利润表，可以考核企业一定会计期间的经营成果，分析企业的盈利能力及未来发展趋势。（　　　）

2. 净利润是指营业利润减去所得税费用后的净额。（　　　）

3. 主营业务利润=主营业务收入-主营业务成本-主营业务税金及附加。（　　　）

四、综合实训

【实训目的】掌握利润表的编制。

【实训资料】江苏环宇公司 2013 年 6 月各损益类账户发生额如表 11-2 所示。

表 11-2　　　　　　　　　　　　　　损益类账户发生额

2013 年 6 月 30 日　　　　　　　　　　　　　金额单位：元

科　目	借方发生额	贷方发生额	科　目	借方发生额	贷方发生额
主营业务收入		500 000	投资收益		
主营业务成本	320 000		营业外收入		800
销售费用	12 600		营业外支出	12 000	
主营业务税金及附加	62 400				
管理费用	5 000				
财务费用	6 200				
其他业务收入		35 000			
其他业务支出	24 000				

【实训要求】根据上述资料，编制该公司 2013 年 6 月利润表，如表 11-3 所示。

表 11-3　　　　　　　　　　　　　　利润表

编制单位：江苏环宇公司　　　　　　　2013 年 6 月　　　　　　　金额单位：元

项　目	行　次	本期金额	上期金额
一、主营业务收入	1		
减：主营业务成本	2		
主营业务税金及附加	3		
二、主营业务利润（亏损以"-"号填列）	4		
加：其他业务收入	5		
投资收益（损失以"-"号填列）	6		
减：其他业务支出	7		
销售费用	8		
财务费用	9		
管理费用	10		
三、营业利润（亏损以"-"号填列）	11		
加：营业外收支净额（亏损以"-"号填列）	12		
四、利润总额（亏损总额以"-"号填列）	13		
减：所得税费用	14		
五、净利润（净亏损以"-"号填列）	15		

任务三　编制现金流量表

一、单项选择题（只有一个备选答案是正确的，请将其代号填入括号中）

1. 下列会引起现金流量净额变动的项目是（　　）。
   A. 将现金存入银行
   B. 用银行存款购买 1 个月到期的债券
   C. 用固定资产抵偿债务
   D. 用银行存款清偿 20 万元的债务

2. 甲公司为增值税一般纳税企业。2013 年度，甲公司主营业务收入为 1 000 万元，增值税销项税额为 170 万元；应收账款期初余额为 100 万元，期末余额为 150 万元；预收账款期初余额为 50 万元，期末余额为 10 万元。假定不考虑其他因素，甲公司 2013 年度现金流量表中"销售商品、提供劳务收到的现金"项目的金额为（　　）万元。
   A. 1 080
   B. 1 160
   C. 1 180
   D. 1 260

3. 下列各项中，不属于筹资活动现金流量的有（　　）。
   A. 分配股利支付的现金
   B. 清偿应付账款支付的现金
   C. 偿还债券利息支付的现金
   D. 清偿长期借款支付的现金

4. 下列各项中，应作为现金流量表中经营活动产生的现金流量的有（　　）。
   A. 销售商品收到的现金
   B. 取得短期借款收到的现金
   C. 采购原材料支付的增值税
   D. 取得长期股权投资支付的手续费

5. 下列各项，属于工业企业投资活动产生的现金流量的是（　　）。
   A. 向银行借款收到的现金
   B. 以现金支付的债券利息
   C. 发行公司债券收到的现金
   D. 以现金支付的在建工程人员工资

6. 下列各项中，属于企业经营活动中产生的现金流量的是（　　）。
   A. 收到的税费返还款
   B. 取得借款收到的现金
   C. 分配股利支付的现金
   D. 取得投资收益收到的现金

二、多项选择题（每题有两个或两个以上的答案，请将正确选项的代号填入括号中）

1. 现金流量表的现金概念包括下列（　　）项目。
   A. 库存现金
   B. 银行存款
   C. 其他货币资金
   D. 现金等价物

2. 现金流量表中的现金等价物应同时具备以下（　　）条件。
   A. 持有期限短
   B. 流动性强
   C. 易于转化为已知金额的现金
   D. 价值变动风险很小

3. 下列各项中，应作为现金流量表中经营活动产生的现金流量的有（　　）。
   A. 销售商品收到的现金
   B. 取得短期借款收到的现金
   C. 采购原材料支付的增值税
   D. 取得长期股权投资支付的手续费

三、判断题（正确的打"√"，错误的打"×"）

1. 现金流量表中经营活动产生的现金流量的编制方法有直接法和间接法两种。（　　　）

2. 现金流量表中的现金就是指企业库存现金。（　　　）

3. 用银行存款偿还应付账款属于筹资活动的现金流出。（　　　）

4. 发行债券收到的现金属于投资活动产生的现金流量。（　　　）

四、综合实训

【实训目的】掌握现金流量表相关项目的填列。

【实训资料】江苏环宇公司 2013 年有关资料如下。

（1）本年销售商品、提供劳务收到现金 2 000 000 元，以前年度销售商品本年收到的现金 240 000 元，本年预收款项 130 000 元，本年销售本年退回商品支付现金 70 000 元，本年收回企业 2010 年核销的坏账损失 25 000 元。

（2）本年购买商品支付的现金 750 000 元，本年支付以前年度购买商品的未付款项 85 000 元和本年预付款项 78 000 元，本年发生的购货退回收到的现金 50 000 元。

（3）企业本年支付的各种职工薪酬共计 300 000 元，其中：生产经营人员的职工薪酬为 260 000 元，在建工程人员的职工薪酬 40 000 元。

（4）2013 年利润表中的所得税费用为 250 000 元（均为当期应交所得税产生的所得税费用），"应交税费——应交所得税"科目年初数为 10 000 元，年末数为 60 000 元。假定不考虑其他税费。

【实训要求】根据上述资料，计算下列现金流量表项目：

（1）销售商品、提供劳务收到的现金；

（2）购买商品、接受劳务支付的现金；

（3）支付给职工以及为职工支付的现金；

（4）支付的各项税费。